Elogios para *Cuarenta y Dos*

I0460104

"Cuarenta y dos *es más que un libro; es una guía a prueba de fuego para poder tener un buen final. ¡No conozco a nadie mejor que Steve Alessi para guiarnos!".*

LEE DOMINGUE
Fundador de Kingdom Builders
Fundador y director ejecutivo de AppOne,
Cyrus Partners, GrowLeader y m360

"*Mi corazón está tan conmovido con este poderoso libro nuevo de mi querido amigo, el pastor Steve Alessi. Lo conozco personalmente y honro el mensaje al que fue llamado a revelar. De manera poderosa,* Cuarenta y dos *nos recuerda que, sin importar el obstáculo que enfrentemos, fuimos llamados a volver a levantarnos, a sacudirnos el polvo y a luchar por nuestro futuro y propósito. Steve nos lleva en un viaje por las encrucijadas de la tragedia y el triunfo. Él nos deja ver cómo Dios llega hasta lo más profundo de nuestra situación para restaurar la esperanza. ¡Este libro nos alienta a no rendirnos, pues Dios sigue estando en control!".*

PAT SCHATZLINE
Evangelista, autor y director ejecutivo
Remnant Ministries International

"Con todo lo que está sucediendo actualmente en el mundo, tanta tensión, presión y ansiedad, Cuarenta y dos *te dará una gran oportunidad para que recibas esperanza. La esperanza de saber que puedes vencer y prevalecer ante cualquier situación que enfrentes. Lo que necesitamos es ánimo, y Steve nos lo da a través de este libro".*

BILL SCHEER
Pastor de Guts Church

"Todos experimentarán su propio momento 42: momentos en los que la muerte se interpone entre tú y la eternidad. Pueden ser cuarenta y dos meses, cuarenta y dos semanas, cuarenta y dos días, cuarenta y dos horas o, como en el caso de Steve, cuarenta y dos minutos. Pareciera que solo después de volvernos conscientes de nuestra frágil mortalidad es que experimentamos la resurrección con un ánimo apasionado para vivir una vida más intencional. Y, a pesar de que esto pueda sonar mórbido, las experiencias cercanas a la MUERTE despiertan la VIDA que hay en nosotros. La historia de Steve hará que enfrentes tu propio 42 indirectamente. Te reirás, llorarás, reflexionarás y te gozarás, pero sobre todo aprenderás a amar y a vivir a lo grande, atesorando cada momento".

PHIL MUNSEY
Presidente de Champions Network of Churches
Pastor maestro de Lakewood Church/Joel Osteen

"Recuerdo perfectamente el día que recibí la llamada de Mary diciendo: 'Steve ha sufrido un paro cardíaco, y estoy en la sala de emergencias del hospital'. Fue una batalla entre la vida y la muerte, y simplemente teníamos que ganarla. Su ministerio, sus hijos y nuestra amistad serían impactados grandemente. Dios contestó nuestras oraciones desesperadas de vida y sanidad. Desde ese entonces, Steve ha enfrentado los años subsiguientes con valentía y una vida llena de propósito. Cuarenta y dos *cuenta la historia que solo se puede contar cuando sobreviviste para hacerlo".*

MIKE HAYES

Pastor fundador de Covenant Church,
Dallas, Texas

"Desde que conozco a Steve Alessi, he sido testigo de cómo él se ha mantenido firme con cada golpe que ha recibido en su vida y cómo, en cada oportunidad, ha podido resurgir con más fuerzas. No te voy a contar el final de su historia, pero sí te digo que vas a ser más fuerte después de leerla. Lo que sí puedo contarte es que Dios cambió la vida de Steve en el transcurso de cuarenta y dos minutos. Y que cambiará la tuya cuando permitas que tu ser absorba cada palabra de este libro".

REV. SAMUEL RODRIGUEZ

Autor, productor cinematográfico y pastor principal de New Season Church
Presidente y director ejecutivo de NHCLC

"Como hermana de Steve, esta fue la primera vez que realmente entendí su viaje intencional luego de haber atravesado ese día oscuro que él llama 'cuarenta y dos minutos'. Me partió el alma tener que leer acerca del miedo y la impotencia que él experimentó, especialmente porque es una persona que normalmente se siente en control. Una lectura recomendada para aquellos que están buscando cómo atravesar los momentos más aberrantes de la incertidumbre".

DEBORAH ALESSI GIARRATANA

Productora cinematográfica

Machine Gun Preacher y The Tiger Rising

"¡Un libro de lectura obligada! La historia de Steve me atrapó desde la página uno, y eso que yo ya conocía el final. Si estás buscando una forma práctica de superar tus límites y vivir una vida valiente, este libro es para ti".

MARTHA MUNIZZI

Artista discográfica góspel y copastora principal de
EpicLife Church, Orlando, FL

"Este libro es una guía brillante para perseverar y volver a levantarse cuando la vida te ha derribado".

MARCUS MECUM

Pastor principal, 7 Hills Church

"*Cómo me hubiese gustado tener este libro cuando mi papá (mi mejor amigo) murió inesperadamente a los 56. No podía imaginarme cómo podría salir adelante..., mucho menos, ocupar el lugar que él dejó en el ministerio. Si alguna vez has sentido que te han molido a golpes y te han dejado tirado en el suelo a tu propia suerte, mi amigo Steve Alessi sabe cómo volver a levantarse y seguir luchando. Qué interesante que, cuando estamos tirados en el suelo, a Dios no le resulta nada difícil captar nuestra total atención. Este libro enseña acerca de cómo aprendemos mejor algunas lecciones de vida cuando estamos en 'modo de supervivencia'. Es alentador saber que nunca es tarde para hacer ajustes..., y todavía poder tener un buen final*".

DAVID CRANK
Autor, conferencista y pastor principal de FaithChurch.com

Steve Alessi

Cuarenta

y Dos

Una guía para vivir tu mejor vida
después de casi haberla perdido

Cuarenta y dos

ISBN: 979-8-9912188-0-1

© Steve Alessi 2023

Editado por

STORY ᐧᑊᒊᑊᐧ CHORUS

Para más información, visita StoryChorus.com

Traducción al español: Lucrecia Duran

Corrección y edición: Marina Lorenzín

Dedicatoria

A mi papá. Tu ejemplo de fortaleza a lo largo de tus 84 años me enseñó a no rendirme nunca. Hasta el día en que falleciste, me decías cómo hacer las cosas. No te imaginas cuánto me gustaría poder seguir escuchándote hablar. Son tus palabras las que resuenan en mis oídos mientras llevo el legado del apellido Alessi, ya que mi historia es nuestra historia.

A mi mamá. Tu ejemplo de cómo luchar por tu familia merece ser celebrado y honrado. Tú impregnaste nuestro hogar con el ADN de una luchadora. Quiero creer que fui un buen estudiante en tu salón de clases, a pesar de no haberlo sido en la escuela. Ahora disfruto de estos días especiales junto a ti mientras sigues viviendo tu hermosa vida. Papá estaría orgulloso de ti; yo definitivamente lo estoy.

A mi suegra Faith. Cuando tuviste que tomar las decisiones difíciles por tu familia, no titubeaste ni un minuto. Eso nos inspiró, a tu hija y a mí, a seguir peleando la buena batalla de la fe. También nos demostró que la bondad en la vida es algo por lo que vale la pena luchar. Y es por eso por lo que los hijos de los hijos de tus hijos te llaman bienaventurada.

Índice

Prólogo

Estaba charlando con una amiga llamada Grace en un café local. Habíamos estado conversando por alrededor de una hora y ahora ambas comenzábamos a derramar lágrimas. Ella había perdido a su esposo debido a una tragedia mucho más común de lo que se cree: un paro cardíaco mortal. Como pastora, mi corazón está siempre presto a llorar con los que lloran y traerles consuelo. Sin embargo, esta vez era distinto.

Estadísticamente, su dolor *tendría que haber sido* el mío. Hace más de una década, mi esposo Steve sufrió el mismo tipo de paro cardíaco, una experiencia sobre la cual él comparte detalladamente en este libro. Solo que Steve sobrevivió, mientras que el esposo de Grace, no.

La fuente más grande de dolor para ella era el lugar de mi gratitud más profunda.

A través de los años, he conocido a muchas otras esposas cuyos maridos no sobrevivieron. Mamás que perdieron a sus hijos, mientras que los míos dormían plácidamente en casa. ¿Por qué seríamos nosotros tan afortunados, mientras que otros sufrían tanto?

Es una pregunta que ha sido una carga muy pesada a lo largo de los años desde que Steve sufrió ese incidente. Este sentimiento tiene un nombre: *la culpa del sobreviviente*. Es un sentimiento devastador de remordimiento por haber sobrevivido a un episodio traumático que al que otros no pudieron sobrevivir. Es como si tuvieras gozo a costa de otra persona. Y, aunque eso no sea cierto, no siempre lo sientes así.

He llegado a la conclusión de que la única manera de encontrarle algún sentido a una bendición que te causa sentimientos encontrados es darle la gloria a Dios y tratar de aprovechar los días que Él nos ha regalado. De esta manera, la culpa del sobreviviente puede convertirse en la gloria del sobreviviente. No es que nosotros hayamos hecho nada especial o profundo, sino que Dios ha hecho algo especial y profundo *por nosotros*.

Ya sea que hayas enfrentado una situación de salud catastrófica, un desastre económico, algunas relaciones destruidas o cualquier otra situación por el estilo, este es un libro que te ayudará a salir adelante. Te ayudará a atravesar las tormentas y el fuego.

Mi esposo relata su propio proceso de recuperación, así como también las lecciones que ha aprendido en cuanto a la perseverancia, a volver a darle vida al soñador quebrantado y a reavivar la fe. También da consejos prácticos para todo aquel que esté atravesando una situación similar.

Este libro es, a la vez, una práctica de gratitud por haber recibido una segunda oportunidad y una invitación seria para considerar cada aliento como algo sagrado. A recibir cada día con gratitud y propósito. No he conocido a ninguna persona, en toda mi vida, que pueda traer paz como lo hace mi esposo.

Así que esta es nuestra oración: que puedas experimentar la paz de Dios que sobrepasa todo conocimiento y entendimiento para que encuentres las fuerzas para tener un buen final.

Mary Alessi

Introducción

En 708 a. C., las Olimpiadas tuvieron su primera reforma. El boxeo a puño limpio había existido desde 3000 a. C., pero fue varios miles de años después que los competidores antiguos comenzaron a ponerse tiras de cuero suave alrededor de las manos y antebrazos para protegerse.[1] Hasta ese entonces, era un aporreo crudo, de contacto directo.

Con el tiempo, esas cintas protectoras de cuero se volvieron más resistentes, en el sentido de que el boxeador podía estar protegido a la vez que le causaba el daño máximo a su oponente.[2] Para la época en que aparecieron los gladiadores, el boxeo se consideró demasiado violento y fue prohibido.[3]

---

1 "Description of Boxing", Olympics.com, Comité Olímpico Internacional, 27 de abril, 2021, https://olympics.com/en/ news/description-of-boxing.

2 "History of the IOC", Comité Olímpico Internacional, 17 de enero, 2022, https://olympics,com/ ioc/ancient-olympic- games/the-sports-events.

3 "Top 10 Oldest Sports in the World", SportsGeeks, 23 de abril, 2022, https://sportsgeeks.net/ oldest-sports-in-the-world/.

No existían las categorías por peso, y eso significaba que, a veces, David tenía que pelear contra Goliat. Pero esos eran los tipos de combate que me cautivaban cuando era más joven.

He sido un apasionado del boxeo desde que era niño. Desde Ali luchando con Frazier, Sugar Leonard con Marvin "Maravilla" Hagler, hasta el luchador cubano Teófilo Stevenson en las olimpiadas. Siempre he pensado en la cantidad de entrenamiento que requiere cada pelea, especialmente cuando el que tiene todas las de perder se enfrenta a un gigante. El luchador es entrenado para entrar al *ring* con ambas manos en llamas. Pero siempre me pregunté si habrían sido entrenados para levantarse después del golpe que nunca vieron venir y que los dejó en el piso.

A diferencia del boxeo, no hay categorías de peso en la vida. Los pesos pluma se enfrentarán a los pesos pesados. Hay cosas que suceden para las cuales nos sentimos, tristemente, incapaces de vencer; hay episodios significativos que nos lanzan un golpe fuerte inesperado. Nos quitan la respiración y hasta nos destruyen el corazón.

El latido de un corazón saludable tiene picos altos y bajos. Si la línea de monitoreo está plana, entonces, estás sin vida. Eso se parece mucho a la vida en sí, en ella, el patrón de cimas y valles se repite, aunque no sea placentero pensar en eso. Enfrentamos oponentes grandes e instancias que nos dejan fuera de combate y nos hacen preguntarnos si existe alguna posibilidad de salir victoriosos en una pelea tan injusta. En el valle, es difícil pensar que volveremos a estar en la cima otra vez.

Puedo dar fe de esto personalmente. Lo viví.

Estuve fuera de combate, preguntándome si mi vida se había terminado, desconsolado, sin estar seguro de cómo levantarme de la colchoneta. Pero lo hice.

Lo que quiero hacer es no solo decirte cómo hacer para levantarte de la colchoneta para que puedas experimentar otro pico en tu vida, sino también mostrarte el valor de los valles. En lugar de ser esas situaciones inevitables que llegan para intimidarnos, tienen el potencial de ser el camino que nos lleva a una vida nueva, una que está llena de sueños increíbles que jamás creíste posibles.

Puedes haber creído que no estabas a la altura de esa pelea o que el oponente era demasiado grande. Estoy aquí para demostrarte lo contrario.

El latido de un corazón saludable tiene picos altos y bajos. Si la línea de monitoreo está plana, entonces, estás sin vida.

Capítulo Uno

El golpe que nunca ves venir

Todavía no lo sabía, pero mi vida estaba a punto de cambiar. En apenas treinta y seis horas, estaría rozando ese velo delgadísimo que hay entre la vida y la muerte, sobreviviendo apenas por un milagro. Sería una alteración masiva que cambiaría, para siempre, el curso tanto de mi familia como la de mi ministerio. Pero, por el momento, tan solo disfrutaba de las risas en familia, mientras me celebraban con un almuerzo por el Día del Padre luego de haber tenido un servicio poderoso en Metro Life Church, en nuestra siempre vivaz ciudad de Miami, Florida.

Una mesera se acercó a nuestra mesa, haciendo equilibrio con platos de pasta, panes en palito y unas cosas verdes desagradables que, por alguna razón, algunas personas disfrutan (en este entonces, 2007, no podía entender cuál era la fascinación).

"Dígame cuándo", le dijo la mesera a mi esposa, Mary, mientras le servía pimienta fresca, recién molida.

"Así está bien", indicó Mary. Luego la mesera le puso pimienta a las ensaladas de mis cuatro hijos, quienes seguían, juiciosamente, el ejemplo saludable de su madre. Pero yo tenía ganas de comer como un rey y no iba a echar a perder mi apetito con lechugas y tomates. Nuestra mesera deslizó mi plato desde el otro lado de la mesa y dijo: "Cuidado, está caliente".

Mi fetuchini a la Alfredo era como estar viendo a Italia en un plato. Como buen italiano corpulento, era mi deber solemne celebrar a la madre patria comiéndome hasta el último de los fideos. Y así lo hice. Y, como me la pasaba levantando pesas en el gimnasio toda la semana, nunca me sentí culpable por darme gustos. Me había criado jugando fútbol, así que levantar pesas era un estilo de vida normal para mí.

Durante la comida, hablamos de las vacaciones que pronto nos íbamos a tomar. Nos iríamos de viaje en una casa rodante por todo Florida y el sur de Georgia, haciendo paradas en manantiales naturales, *campings* y la costa. Era nuestra primera vez haciendo esto. Pero el paseo en cuatro ruedas y la belleza exótica de nuestro estado nos harían bien. Yo estaba entusiasmado. Mary me apoyaba, pero no le encantaba la idea (había crecido prácticamente dentro de un bus turístico). Los niños se mostraban indiferentes al plan. Después de todo, como lo indicó Christopher, nuestro hijo mayor, jugar a los videojuegos sería complicado. Un programa de verano poco prometedor para un adolescente.

Mary estaba totalmente enfocada en establecernos en el apartamento que acabábamos de comprar hacía una semana atrás en Stuart, Florida, una ciudad costera tranquila a unas cien millas al norte de Miami.

"Será mejor que salgamos pronto", dijo Mary, alejando su plato de comida. "Tenemos mucho trabajo que hacer en el apartamento nuevo y todavía nos quedan *muchas* cosas por comprar antes de irnos".

Ella inclinó su cabeza, mirándome con énfasis. Luego, con las barrigas llenas, nos levantamos de la mesa con letargo para irnos. Antes de salir, tomé un palito de pan más.

"Uno para el camino", le dije a Mary.

Cargamos nuestra camioneta y nos dirigimos hacia el norte. Un par de horas después, ya estábamos llegando. Mary saltó del carro y comenzó a movilizar a los niños para que se fueran al apartamento de mi madre y mi padre, que quedaba justo al lado del nuestro (una característica muy agradable), y ya nos acomodamos para no salir más esa noche. Nos esperaba un día bastante ocupado por la mañana.

BIENVENIDO A FLORIDA

Si nunca has estado en Florida en el verano, puedo describírtelo con una sola palabra: húmedo. No es solo que sea pegajoso, sino que también es como si el aire se espesara. Puedes ducharte, ponerte ropa fresca recién sacada de la secadora y, para cuando llegaste al buzón de correo, estar empapado en sudor de nuevo. La mayoría de los floridanos dice que te acostumbras, pero yo creo que esos son los que deben haber desarrollado un par de branquias.

Así que, a la mañana siguiente, recibidos por una humedad instantánea, nos devoramos el desayuno y emprendimos nuestro itinerario en un día que prometía ser muy ajetreado. Los niños se amontonaron en el asiento de atrás: Stephanie, de once años, y la que más se parece a su padre; Lauren, de 9 años, la que es mucho más lista que su padre; Gaby, de siete años, la que es mucho más adorable que su padre; y Christopher, nuestro hijo de quince años y el más parecido a su madre. Las mujeres nos dejaron a Christopher y a mí en el sitio donde se alquilaban las casas rodantes para que consiguiéramos algunos elementos para acampar y unas decoraciones para el apartamento.

Después de que ellas se fueran, nosotros entramos al lote y nos detuvimos. Mis cejas se elevaron, me quedé atónito. Las casas rodantes se parecían mucho más a un bus turístico de lo que yo esperaba. Esta era también la primera vez que tenía la oportunidad de investigar todos los compartimentos y compuertas que llenaban los costados de este monstruo de veinticinco pies de largo.

Un hombre nos esperaba en el asfalto hirviente para llevarnos a nuestro imponente vehículo. Supuse que él nos entregaría las llaves y nos iríamos. Sin embargo, eso no fue lo que sucedió. Él nos explicó cómo funcionaba cada compuerta, compartimento y manguera, mientras nos llevaba alrededor de todo el perímetro de la casa rodante.

"Este compartimento sirve tanto para almacenar como también para acceder a...". *Bla, bla, bla.*

Uno de mis defectos es la impaciencia, pero esta quedó aún más en evidencia mientras jadeábamos bajo un calor sofocante. Luego, después de dos horas de instrucciones, Christopher y yo finalmente salimos del estacionamiento manejando el vehículo. Mi mente estaba andando a mil con listas y detalles. Pero el problema más apremiante que tenía era tratar de no llevarme por delante ningún buzón —o peatones— de camino a encontrarme con las chicas, que nos esperaban en el apartamento.

Manejar una casa rodante se parece mucho a navegar un velero por primera vez. No estás muy seguro de lo que estás haciendo. El aparato se siente muy grande, lento y difícil de manejar, y tus puntos ciegos son más grandes que el portón de un granero. Christopher y yo nos agachamos, de manera casi inconsciente, al pasar por los primeros semáforos.

"Pa, ¿será esta la semana en la que nos matamos?", preguntó Christopher. "No es el plan, hijo, ¡pero ya veremos cómo nos va!".

Nuestras risas se vieron interrumpidas cuando tuve que esquivar a una señora con el pelo todo blanco que andaba dando vueltas en su Ford Taurus. Afortunadamente, pudimos lograr llegar a casa. Me dieron escalofríos de pensar que iba a tener que manejar ese aparato una semana entera. Pero no tenía tiempo para preocuparme por eso. Tenía que encontrar un lugar para estacionar en ese estacionamiento tan estrecho.

Los frenos chirriaron cuando paramos. El capítulo uno de nuestras tan esperadas vacaciones en familia había comenzado. Christopher y las niñas jugaban videojuegos y miraban películas en lo de mis padres mientras Mary y yo inspeccionábamos nuestro apartamento. Ya nos habían llegado algunos muebles que habíamos enviado antes de viajar. Pero todavía faltaba bastante para que el apartamento se sintiera como nuestra segunda casa.

Más tarde, ese mismo día, nos fuimos con Mary a la tienda, con la lista de compras en mano y todo. Usualmente, me mantengo cerca de ella cuando salimos de compras, ya que, en ocasiones anteriores, quedó demostrado que es un poco peligroso dejarla suelta con una tarjeta de crédito. Sin embargo, después de recorrer pasillo tras pasillo velozmente, comencé a sentirme cansado.

Mary tenía los brazos llenos de portarretratos y, dirigiendo su mirada hacia mí por encima de su hombro, me preguntó: "Steve, ¿podrías traerme un carrito, por favor?".

Normalmente, ya la hubiese visto luchando con todo lo que cargaba y le hubiese traído uno. Pero sentía como si alguien estuviera llenando mi cuerpo de cemento. Así que me hice el que no la había escuchado. Después de unos minutos más de dar vueltas por la tienda y antes de que volviera a pedírmelo, le dije: "Mary, adelántate y termina tus compras, necesito descansar un minuto".

Allí mismo, dejó su búsqueda y me miró sorprendida. "Te ves pálido, Steve. ¿Te sientes bien?".

"Sí, estoy bien", le dije. "Solo un poco cansado por lo de la casa rodante y todo lo demás. Te espero en el área de los muebles. Avísame cuando estés lista para irte".

Luego me arrimé, con pesadumbre, a una silla y me senté, mientras el peso del cansancio se me caía todo encima. Claro, era una temporada llena de ocupaciones, con todas las actividades de la iglesia que pastoreamos, la compra del apartamento nuevo y, ahora, esta aventura loca de la casa rodante. Pero siempre fui un tipo con niveles de energía muy altos que tiene mucha capacidad de resistencia. Esta fatiga era extraña, nada que ver con mi *modus operandi*. Pero pronto nos enteraríamos de que lo peor estaba por venir.

COLOCANDO LOS CIMIENTOS

El 2007 fue un año crucial para Metro Life Church. Habíamos iniciado la obra como familia en 1997 y ahora estábamos renovando un complejo de galpones que se convertirían en el edificio nuevo de nuestra iglesia. A pesar de que estos proyectos de construcción pueden ser un reto en cuanto a la recaudación de

fondos, ayuda de voluntarios y logística, Dios nos había bendecido con una congregación espectacular. Los obstáculos típicos
no eran el problema. Cuando necesitamos fondos, unos jugadores de nuestro equipo de la NBA, los Miami Heat, que se estaban
congregando con nosotros, entendieron la visión y dieron gene-
rosamente. Cuando necesitamos mano de obra para dar marti-
llazos, los hombres de la iglesia se hicieron presentes. A pesar de
que esta temporada también tuvo sus altibajos, mi historia no es
la de un pastor agotado tratando de recuperarse tomando unas
vacaciones en medio del verano. Metro venía con todo el empuje
y estábamos capitalizando el momento.

Estábamos colocando los cimientos para las generaciones
venideras, literal y figuradamente. Siempre he dicho que nunca
juzgarán mi vida o mi ministerio por los edificios que construí,
el número de personas que asistieron a la iglesia, los relojes caros,
los trajes de diseñador o cualquier otro parámetro similar. Pero sí
lo harán por la vida que mis hijos vivan como adultos. Esta sigue
siendo una afirmación bastante audaz, pero la creo con cada fibra
que hay en mí. A pesar de todas las variables que existen en el
ministerio, Mary y yo siempre priorizamos, de manera diligente,
el tiempo en familia, así como también invitar a los hijos a ser
parte de la obra misma.[4]

---

4 Para más información acerca de nuestra visión actual, escucha nuestro pódcast *The Family Business*
visitando nuestra página AlessiFamilyBusiness.com.

Yo creo que el diseño de Dios es que las familias puedan servir juntas en el ministerio. Uno de los mejores ejemplos es la foto de Christopher parado en un pozo durante la época en que estuvimos en construcción. Taladramos el hormigón y luego excavamos aún más profundo para que Christopher pudiese poner cartas con oraciones y una biblia en los cimientos físicos de este edificio nuevo. Las escrituras, la oración y las familias llevando a cabo la obra de Dios juntas: esos son los pilares sobre los que se fundamenta Metro Life Church. El área que sale en la foto queda ubicada justo afuera de mi oficina. Así que, cada vez que entro al santuario, tengo que pasar por ese preciso lugar.

Teníamos una vida ocupada, pero yo pensé que todo estaba bajo control. Sin embargo, no fue hasta que Mary y yo salimos hacia al apartamento que me di cuenta de que no todo estaba tan en orden como parecía. Cuando nos estábamos yendo, recibimos una llamada que nos informaba que la compañía de mudanzas llegaría al apartamento en breve para entregarnos los muebles. Así que nos apuramos para llegar antes que ellos y, en el camino, la humedad cedió el paso a un aguacero.

Con o sin fatiga, tuve que salir de la camioneta y subir corriendo las escaleras hacia la terraza para remover las puertas corredizas de sus carriles y dejarles la vía libre a los de la mudanza para que metieran todo adentro. Logré sacar la primera a regañadientes.

"¿Necesitas ayuda con eso?", me preguntó Mary, preocupada.

"Creo que puedo solo", le contesté. Pero, cuando fui a sacar la otra puerta, sentí una sensación rara en la parte superior del pecho y el hombro izquierdo. Paré por un momento para masajearme el área, creyendo que me había distendido un músculo.

CREO QUE EL DISEÑO DE DIOS PARA LAS FAMILIAS ES QUE TRABAJEN JUNTAS EN EL MINISTERIO.

"Steve, ¿está todo bien?", preguntó Mary.

Me senté, pero el dolor se intensificó, y oleadas de náusea me inundaron el estómago.

Dije: "Voy a ir al apartamento de al lado a usar el baño. Creo que tengo acidez".

Los niños estaban absortos con los videojuegos, así que ni se dieron cuenta cuando entré al apartamento de mis padres, sudando y agarrándome el estómago. Apenas pude llegar al baño principal antes de descomponerme. Me quedé de pie, tratando de serenarme. Pero comencé a retorcerme mientras el dolor pasaba del hombro izquierdo al centro de mi pecho. Parecía que un elefante se había sentado encima de mí.

Y ahí estaba. Sabía lo que venía. Me miré al espejo y dije: "No, Señor, no ahora...". Las palabras de Job vinieron a mi mente: "Lo que más temía me sobrevino; lo que más me asustaba me sucedió".[5]

Un temor real invadió todo mi cuerpo. No por mí, sino por Mary y los niños. Atesoro mi rol de padre por sobre todos los demás. Así que atravesé la puerta cojeando, medio corriendo y, a los tropiezos, volví a nuestro apartamento. Un enfoque y una calma se apoderaron de mí, como un luchador que está a punto de entrar al *ring* para enfrentarse con un contrincante de tamaño incierto. Yo no sabía lo que estaba próximo a suceder, pero sí percibía que estaba a punto de pelear por mi vida. No había lugar para el pánico. Sin embargo, la situación era extremadamente crítica.

Con las risas de mis hijos todavía resonando en mis oídos, de la manera más calma posible, dije: "Mary, llama al 911".

Y comenzó mi batalla.

TODOS TENEMOS BATALLAS

La vida no es fácil. Los cambios suceden rápido. A veces, ves la batalla avecinarse, pero otras, llega como una emboscada. Siempre fui aficionado del boxeo y tenía bastante "lucha" dentro de mí. Los luchadores entrenan para entrar al *ring* con ambas manos en llamas. Aprenden a golpear, a ir contra su oponente

---

5   Job 3:25 (NVI).

agresivamente, a evadir y a defenderse de todo tipo de ataque, y hasta a controlar el ritmo a lo largo de todo el combate. Sin embargo, muchas veces me he preguntado si alguien entrena al luchador para levantarse de la colchoneta.

Unos cuantos años atrás, tuve la oportunidad de conocer la respuesta. Un amigo (quien además resulta ser el dueño de mi restaurante italiano favorito) me conectó con el boxeador reconocido en el Salón Internacional de la Fama, Ray "Boom Boom" Mancini.

En ese entonces, yo estaba predicando una serie llamada "La vida del campeón". Con ese motivo, coordinamos para que Ray viniera a hablarle de ese tema a nuestro grupo de hombres. Lo que él compartió esa noche se me quedó grabado por siempre: "El puño que te noquea es aquel que nunca ves venir".

¿No te suena acertado eso? Siempre que pienses que tienes todo bajo control, ten cuidado. El golpe que te noquea es aquel para el cual no estás preparado. Ves la mayoría de los golpes. Los bloqueas o das vuelta la cara. Quizá duelan un poco, pero no te derriban. Es ese gancho que sale de la nada el que te tira al piso.

 **EL GOLPE QUE TE NOQUEA ES AQUEL PARA EL CUAL NO ESTÁS PREPARADO.**

La parte más difícil es tener que seguir peleando después de haber recibido el golpe que te noqueó y te dejó todo desorientado y viendo las estrellas. No estoy seguro de que un boxeador realmente pueda entrenar para prevenir esta ocurrencia inevitable en su carrera. Lo veo más como una mentalidad, un instinto a no detenerse y a luchar a pesar del dolor, aunque el árbitro ya esté dando la cuenta regresiva. Todos tendremos que sacar fuerzas de donde no las hay para encontrar la voluntad para levantarnos. Si tu corazón sigue latiendo, entonces, creo que tienes la capacidad de hacerlo. Cada uno tiene una batalla principal. Algunos de nosotros tenemos muchas. Quizá te encuentres en medio de una batalla ahora mismo. Escribí este libro para compartir la historia de cómo me volví a poner de pie, aunque a tambaleos, y de cómo mi vida cambió a causa de eso. También lo escribí con la esperanza de que puedas encontrar inspiración para ganar tu propia batalla.

Las lecciones más grandes que nos da la vida son aquellas que surgen del proceso de pasar de estar completamente derribado a volver a estar firme de pie. Son las que surgen de los momentos frente al espejo, como el que tuve en el apartamento de mis padres, mirándome a mí mismo a los ojos, agarrándome el pecho y recordando lo que estaba realmente en juego: mi familia. Surgen de volvernos lo suficientemente humildes como para darnos cuenta de los cambios que tenemos que hacer y de las semillas nuevas que tenemos que sembrar para tener una cosecha mejor.

Este es el golpe que yo recibí: pasé de estar celebrando un Día del Padre feliz en un restaurante italiano a una llamada sorpresiva al 911. Yo sé que tú tienes tu propia batalla. Así que entremos juntos al *ring* y encontremos las fuerzas para volver a levantarnos, para pelear la buena batalla y para terminar bien la carrera, sin importar el golpazo que la vida te dé.

Pero, esa noche, mi lucha recién estaba comenzando.

Capítulo Dos

Cuarenta y dos minutos que cambiaron mi vida

Cinco hombres irrumpieron en nuestro apartamento, eran los paramédicos respondiendo a la llamada al 911 de Mary. Cargados de aparatos y con mucha seriedad en sus rostros, tomaron el control inmediatamente. Yo estaba sin camisa, cubierto en sudor, y me había sacado los anteojos, el anillo de matrimonio y el reloj, pues ya sabía lo que se venía.

Uno de los paramédicos le dio a Mary un formulario para que llenara en la cocina, mientras que otro me puso una aspirina de niños en la mano.

"¡Mastícala!", me dijo.

Mi pecho se sentía como en un alicate de presión. Los hombres comenzaron a prepararme con algunas preguntas, y les contesté con mucha falta de aire.

"¿Has tomado viagra?", preguntaron. "No, señor, no lo necesito", respondí.

Esbocé una media sonrisa, pero el chiste no tuvo buena reacción. Estaban muy serios y este no era el mejor momento para reírse. Lo que yo no sabía es que apenas unas horas antes estos mismos hombres habían ido a la casa de otro hombre. La única diferencia fue que no hubo chistes acerca del viagra, el hombre no pudo decir nada porque había muerto.

Alrededor de 800.000 personas por año sufren un paro cardíaco en Estados Unidos. Estos varían en cuanto su gravedad, pero, en promedio, nueve de diez personas sobreviven uno de estos episodios.

Pero hay un tipo de paro cardíaco específico que mata a casi el 90 % de las personas de una manera repentina…[6] Y es el que me estaba sucediendo a mí en ese momento.

Me agarré el estómago y me doblé del dolor. "¡Mary, pásame un bote de basura!".

Sentía como que iba a vomitar de nuevo. Pero eso era la sacudida previa al terremoto de magnitud 10.0 que estaba ocurriendo en mi pecho. Me estaba atacando el "widow-maker", una especie rara de ataque al corazón que es causada por la obstrucción completa de la arteria descendente anterior izquierda y que, casi siempre, deja muertos a todos los que la sufren.

---

6 John J. Pierce, D. O. "Heart Attack Survival Rates" (Índices de Supervivencia en ataques al corazón), Centro de Diagnóstico Preventivo, 25 de mayo 2022, https://www.pdcenterlv.com/blog/heart-attack-survival-rates/.

Me puse tieso y me di durísimo contra el piso.

Mary me contó después cómo los hombres se tiraron al piso conmigo y comenzaron a hacerme RCP inmediatamente. Con la visión medio borrosa, apenas recuerdo verme tirado en el piso mientras uno de los paramédicos se movía alrededor mío. Sentí unos pinchazos agudos en el brazo mientras otro de los paramédicos luchaba para colocarme la IV, ya que se le hacía difícil darle a la vena por el sudor.

Luego expulsé un gemido cuando el primer hombre me dio un puñetazo en el pecho, quitándome el aire por completo.

"¿Para qué fue eso?", dije casi sin aliento.

Cada fibra de mi ser gritó. No podía respirar. Mi mente iba a mil. "Steve, esto te va a doler", me informó otro paramédico.

Miré hacia abajo y vi las palas de reanimación mientras él las ponía sobre mi pecho y decía: "¡Despejen!".

Sentí como si alguien me hubiese dejado caer desde el balcón de un segundo piso. "¡Quédate con nosotros, Steve! ¡Quédate con nosotros!", me urgieron.

Pero sus voces se convirtieron en ruido blanco, hasta que perdí el conocimiento.

CADA FIBRA DE MI SER GRITÓ. NO PODÍA RESPIRAR. MI MENTE IBA A MIL.

CUARENTA Y DOS MINUTOS

Esos hombres me estuvieron reanimando por cuarenta y dos minutos. Me aplicaron las palas siete veces. Le dijeron a Mary que el protocolo indicaba que debían parar después de la cuarta, pero nunca antes habían salvado a alguien de un ataque al corazón. Ese día, estaban determinados a hacerlo.

Cuarenta y dos minutos es mucho tiempo. Es toda una vida, si consideras lo que estaba sucediendo. Fue tiempo suficiente para que Mary considerara todas las cosas que podían pasar mientras veía a esos hombres cargar y sincronizar y descargar sobre mí, una y otra vez, en el suelo de nuestro apartamento. El lugar que se suponía que iba a estar repleto de recuerdos felices se estaba convirtiendo, rápidamente, en mi lecho de muerte.

Mary comenzó a caminar de un lado para el otro en la cocina, sin poder hacer mucho más que decir el nombre de Jesús una y otra vez.

Uno de los paramédicos le pidió a Mary que contestara más preguntas, obviamente con el fin de distraer su atención mientras los otros cuatro me atendían para mantenerme vivo. Ella pudo percibir que estaban por darse por vencidos.

"¿Debería llamar a alguien?", preguntó ella.

Justo me desperté en ese momento, con la voz de Mary sonando entre las palabras de los paramédicos cargadas de intensidad.

La oración es nuestra primera reacción, no nuestro último recurso. Es pararnos en el frente de batalla.

"¡No llames a papá!", exclamé antes de comenzar a desmayarme de nuevo.

"Llame a todos los de su familia", le indicó el paramédico a Mary. "Llame a todos los que quiera llamar, dígales que él ha tenido un ataque al corazón y que estamos atendiéndolo".

Mary podría haber preguntado en ese momento si yo iba a sobrevivir. La situación daba lugar a esa pregunta. Pero se armó de valor y le marcó a la primera persona que se le vino a la mente: su mejor amiga, confidente y hermana gemela, Martha Munizzi.

"Martha", dijo Mary. "Steve está teniendo un ataque al corazón. Y es muy, muy grave".

Su hermana, parada en el medio de un pasillo de Target, comenzó a orar con osadía. Declaró el poder, la bondad y la sanidad de Dios sobre mí. Esa mujer trajo el cielo a nuestra habitación desde los cientos de millas de distancia donde ella estaba. La oración es nuestra primera reacción, no nuestro último recurso. Es pararnos al frente de batalla. Es la manera en que Dios calma nuestras tormentas.

"Mary, ni se te ocurra flaquear. Él va a vivir. Aférrate a eso. Él vivirá y no morirá", la animó ella.

En ese preciso momento, como si hubiesen recibido una señal, los paramédicos me estabilizaron y comenzaron a prepararme para moverme. Mary comenzó a hacer más llamadas. El Señor le dio una fortaleza a la que ella, luego explicó, nunca podría haber accedido por su cuenta, aunque lo hubiese querido. En medio de todo ese caos, Dios le dio paz y calma, lo que le permitió manejar el momento sin ponerse histérica o perder las esperanzas. Ella lo describió como ver a Dios mostrándole dos puertas, una al lado de la otra: una decía "vida"; la otra, "muerte". Cuando salió para ir al apartamento de al lado a darles noticias de lo que estaba sucediendo a mis padres y a los niños, escuchó la voz de Dios.

Es vida o muerte, Mary. Tú eliges.

Eso no quiere decir que ella tuviera el poder para decidir si yo vivía o moría —que podía manipular el resultado—, sino que ella tenía el poder para elegir la vida *hasta* que yo muriera. Ella podía volverse loca en ese momento o apoyarse plenamente en Dios y dejarlo a Él ser quien prometió ser. Ella eligió alinearse con la vida en la forma en que oraba y comunicaba lo que estaba sucediendo, hasta que yo diera mi último aliento.

"Dios me entregó un regalo en aquel momento tan aterrador. Fue uno de los encuentros más poderosos con el Señor que he tenido en mi vida", le recuenta ella a las personas cuando compartimos nuestra historia.

Mary eligió la vida. Abrazó la mejor parte. Reclamó las promesas de Dios. No dio el más mínimo lugar a la desesperación. Tener esperanza frente a una tragedia no es estupidez, es fortaleza. Y Mary fue fuerte.

Luego fue a hablar con los niños. "Escúchenme", les dijo. "Papi va a estar bien. No quiero que se asusten".

Le pidió a Christopher, nuestro hijo de quince años, que se quedara con las niñas. "Vas a ver salir a papi en una camilla. No dejes que ellas lo vean y diles que él se lastimó la espalda".

Christopher asintió y aceptó la responsabilidad de comportarse a la altura de las circunstancias.

Mientras tanto, en nuestro departamento, mientras los paramédicos me preparaban para llevarme a la ambulancia, Mary notó que había una mujer parada en el balcón de enfrente. La mujer podía ver todo lo que estaba sucediendo.

No te acerques, pensó Mary cuando la vio. Eso es muy inusual en Mary, quien tiene una personalidad muy acogedora y amable, casi que hasta peca de eso. Pero Dios seguía trabajando, aunque no pudiéramos darnos cuenta entonces.

Ya en el hospital, fui trasladado adentro en una camilla, y Mary se quedó en la sala de espera sola. A esa altura, toda la familia está enterada. Un expastor y mentor nuestro la llamó y, mientras ella le daba todos los detalles, uno de los paramédicos salió con una capellana que tenía puesto una especie de cuello clerical. Quedaba claro que él quería que la capellana consolara a Mary, pero ambos tenían una expresión en la cara que anticipaba malas noticias, y ella tuvo la misma sensación con la capellana que había tenido con la mujer del balcón.

No te acerques.

"Estoy bien", le dijo Mary, levantando su mano para que no se acercaran. "Está bien", le respondió la capellana. "Estoy aquí si me necesitas". Y luego se fue.

Mary seguía rechazando toda palabra o persona que no estuviese alineada a la vida. Ella seguía viendo esa puerta y sabía que su deber era mantenerla abierta.

LA PUERTA DE LA VIDA

De niño siempre fui cliente fijo de la sala de emergencias. Me crie en la época en que los niños jugaban afuera sin padres revoloteando a su alrededor ni teléfonos inteligentes con dispositivo de rastreo. Cada verano, los niños del vecindario y yo nos montábamos en nuestras bicicletas y no parábamos de dar vueltas hasta la nochecita. Mientras me quedara a una distancia donde pudiese escuchar el llamado de mi mamá para cenar, todo estaba bien.

Sin embargo, una noche cuando tenía 10 años, me había aventurado un poco más lejos por dos razones. Primero, porque había una palmera que un viento huracanado había derribado. El tronco tenía la pendiente perfecta para jugar a los ninjas y ver cuán alto podíamos trepar. Segundo, alrededor del árbol, se juntaba un grupo de niñas. Esas eran dos buenas razones para romper las reglas.

Aparecimos con nuestras bicis, yo derrapando con la rueda de atrás, haciendo un giro enorme y plantando el pie en el suelo hasta detenerme, al mejor estilo Evel Knievel (un doble de riesgo de Estados Unidos). Sacamos pecho, nos miramos entre todos y nos retamos a trepar la cuesta. Mientras tanto, echamos un vistazo a ver si las niñas estaban mirando. Efectivamente, sí lo estaban haciendo.

Era hora de lucirse.

Afirmé los pies en la tierra como un toro desafiante antes de embestir. Necesitaba agarrar la máxima tracción posible para ganar la velocidad suficiente. Y, como era de esperarse, llegue al árbol tan velozmente como me daban los piecitos. Y, por un momento electrizante, mis suelas se pegaron a la palmera curva como si fuesen lagartijas. Sin embargo, mi ascenso terminó tan rápido como había empezado. Perdí el equilibrio y me caí. Intenté agarrarme del tronco, pero solo me encontré con el vacío.

Aterricé con un golpe seco y con un crujido en el brazo derecho. Se me llenaron los ojos de lágrimas, pero sabía que no podía llorar enfrente de las niñas. Tenía que hacerme el duro. Sin embargo, después de unos pocos minutos conteniendo los lagrimones, me subí a mi bici con cuidado y volví a casa, usando el brazo ileso para manejar.

Mi mamá supo enseguida que algo no andaba bien. Luego de explicarles lo que pasó, ella y papá me alzaron y me llevaron a

Emergencias. Mientras esperaba al doctor sentado en la camilla, mi mamá me preguntó: "¿Stephen, en qué cabeza cabe subirse a la palmera corriendo?".

"Cuánto lo siento", me disculpé. "Pero lo hice por las niñas, mami. ¡Quería que vieran lo increíble que soy!".

Mientras sostenía mi alita rota, me brillaron los ojos de solo pensar que podía ser el chico duro e impresionar a algunas niñas. Sin embargo, después de cuarenta y dos minutos de haber estado a las puertas de la muerte, ahora volvía a otra sala de emergencias. La diferencia es que, esta vez, no era yo impresionando a una niña; era una mujer, Mary, impresionándome a mí. Ella mantuvo informada a la familia y oró, sin dejar de aferrarse a esa puerta de la vida.

Me desperté confundido y con náuseas. Me tomó un instante darme cuenta de dónde estaba. Luego vi a una doctora parada junto a mí y dije: "Me voy a descomponer...".

"¡Ni se te ocurra vomitar aquí!", me ladró. Pero fue en vano. Vomité antes de volver a desmayarme.

Mis náuseas eran por el *stent* que me habían colocado para abrir la arteria que estaba obstruida. Es un pequeño tubo de malla que funciona como una puerta abierta para que la sangre oxigenada llegue al resto de mi cuerpo. Cumplía una función física como Mary cumplía una espiritual. La puerta de la vida estaba abierta.

Cuando terminaron, la doctora llamó a Mary abruptamente para que volviera a entrar donde yo estaba, en una habitación fría sobre una cama de metal. Estaba adolorido y confundido, mi pecho irradiaba dolor, y la actitud de la doctora solo sumaba más miseria. Le pidieron a Mary que entrara para que yo pudiera verla antes de que me llevaran a observación.

Mary se acercó a esa fría cama de metal, donde yo lloraba, y trajo con ella una sensación de paz. El caos de lo que había pasado y la actitud desagradable de la doctora habían vuelto todo oscuro. Pero Mary tenía un espíritu distinto en ella. Aun en ese ambiente de hospital, donde puede que la doctora estuviese del lado de la vida, Dios nos protegió al guiar a Mary. Donde quiera que ella iba, llevaba paz.

Después de que me llevaran en una silla de ruedas, Mary regresó a la sala de espera, la cual comenzó a llenarse de amigos y gente de la iglesia. La Dra. Vanessa Gordon, una doctora misionera amiga que estaba en camino al hospital para estar con Mary, llamó para preguntar si me habían puesto un *stent*. Mary le confirmó que sí.

"Puedes relajarte", le dijo Vanessa. "Ya pasó lo peor".

Estoy tan agradecido de que Vanessa se tomara el tiempo para llamar a Mary, cuando podría haber esperado a llegar. El hospital no le había dado a Mary mucha información acerca de nada, y ella había tenido que aferrarse a la vida y la esperanza con todo lo que Dios le dio. Escuchar esas palabras de consuelo de Vanessa le dio un momento de respiro.

Aun en ese ambiente de hospital, donde puede que la doctora estuviese del lado de la vida, Dios nos protegió al guiar a Mary.

Luego llegaron mis padres. Pero, cuando Mary les dijo que todo iba a estar bien, no le creyeron.

"No nos mientas", dijo mi madre con su voz entrecortada. "Dime la verdad".

"No, en serio, les digo que está bien", les aseguró Mary. Ella podía ver el temor en los rostros de mis padres. Y mi madre, que se encontraba en una cruda lucha contra el cáncer, estaba tan débil de la quimioterapia que parecía que una mala noticia la iba a destruir. Afortunadamente, era cierto. Había sobrevivido un episodio que tiene una tasa de mortalidad cercana al 90 %.

TU MOMENTO 42

Si alguna vez has estado inconsciente, sabes lo confuso que es. Cuando vuelves en ti te preguntas: ¿Dónde estoy? ¿Cómo llegue aquí? ¿Qué sucedió? Cuando esos paramédicos me dieron con todo lo que tenían en sus maletines, tuve un momento físico de confusión. Pero hay algo que me hizo ver ese momento de una manera más profunda porque me llevó a hacer un inventario de mi vida.

"¿Qué hice yo para merecer esto, Dios?", fue lo que salió de mí. "¿Por qué necesito esto en vida? ¿Cuál es la enseñanza aquí? ¿Es que acaso no me cuidé a mí mismo lo suficiente? ¿Le dejé alguna puerta abierta al diablo? ¿Esto es un castigo? ¿O es algo totalmente distinto?".

HABÍA SOBREVIVIDO A UN EPISODIO QUE TIENE UNA TASA DE MORTALIDAD CERCANA AL 90 %.

No sabía cómo podía responder a un golpe como este más que decidiendo que estaba bien no estar inmediatamente bien. No tenía que saberlo todo ahora mismo. No podía predicarle a la iglesia, porque ni siquiera podía predicarme a mí mismo. Tenía que enfocarme en recuperar la fortaleza para permanecer de pie. Y, cuando la vida te da un golpe de estos, no se puede buscar una lógica más allá de esa.

Los paramédicos estuvieron intentando devolverme la vida a puro golpe por cuarenta y dos minutos. Siete veces fueron las que me dieron con las paletas. ¿Y me dejas decirte algo? Tú también tendrás tu momento 42. De hecho, ya lo has tenido, probablemente.

Puede que no sea un peligro mortal o un roce con la muerte. Pero enfrentarás una tragedia, una adversidad y algunas situaciones que están a años luz de estar a tu favor.

El momento 42 es aquel que trae una desolación tan fuerte que dudas si alguna vez podrás recuperarte. Te golpea con tanta fuerza que va más allá de un golpe que te deja noqueado: es un golpe mortal. Es un momento o una temporada tan intensamente dolorosos que te cuesta creer que puedes sobrevivir.

Para algunos, el momento 42 es una crisis económica que los obliga a ponerse de rodillas. Las riquezas en las que encontraron tanta estabilidad alguna vez se pueden evaporar de la noche a la mañana. Los mercados colapsan, los socios causan desfalcos, imperios que manejan efectivo se derrumban. Quizá tu momento 42 sea una relación destruida. Un matrimonio afectado por el adulterio, amistades que terminan en traición, o conflictos y amargura que hacen pedazos tu familia. Tu momento 42 puede ser una enfermedad mortal. Desde cáncer hasta COVID, nuestro mundo desborda de enfermedades y muerte.

PERDEMOS UN EMBARAZO Y, CON ÉL, LOS HIJOS ANHELADOS... NUESTRO 42.

ESTAMOS ATORMENTADOS, ATRAPADOS EN SITUACIONES DE TRASTORNO MENTAL... NUESTRO 42.

BATALLAMOS CON INFERTILIDAD Y DESEAMOS ESA VIDA QUE NO PODEMOS TENER... NUESTRO 42.

ESTAMOS PARALIZADOS POR EL TEMOR, NUESTROS TRAUMAS DEL PASADO NOS ACOSAN DE DÍA Y DE NOCHE... NUESTRO 42.

ESTAMOS AISLADOS, ATRAPADOS EN CICLOS DE VERGÜENZA, CULPA Y ADICCIÓN... NUESTRO 42.

NOS SENTIMOS PERDIDOS, SIN PODER ENCONTRAR UN CAMINO DE REGRESO A CASA... NUESTRO 42.

¿Cuál es tu 42? La lista es interminable, al igual que el dolor.

El momento 42 es aquel
que trae una desolación tan
fuerte que dudas si alguna
vez podrás recuperarte.

Pero, amigos, mi historia es testimonio de esta verdad: si tu corazón todavía late, Dios no ha terminado contigo. Y espero que encuentres fortaleza en las próximas páginas.

Jesús prometió que este mundo estaría lleno de momentos 42, lleno de problemas de todo tipo. También dijo: "Pero ¡anímense! Yo he vencido al mundo".[7]

Los momentos más oscuros de la vida pueden dar paso a las mayores bendiciones. Pero solo si podemos pasar por alto nuestro dolor y fijar nuestros ojos en el camino que nos queda por delante. Solo si podemos aferrarnos a la verdad que dice que Aquel que sostiene el universo también nos sostiene a nosotros en la palma de su mano. Y solo si decidimos volver a ponernos de pie y terminar bien nuestra carrera.

Para ser sincero, de todas formas no me hubiese interesado escuchar esto cuando estaba en esa sala de hospital estéril. No me hubiese gustado escuchar los clichés cristianos. Si me hubieses leído estas palabras de ánimo a mí, probablemente, te hubiese dicho que te las guardaras para tarjetas de graduación y tazas de café. Pero mi promesa y mi testimonio son que existe esperanza más allá del dolor presente.

---

7   Juan 16:33 (NVI).

SI TU CORAZÓN TODAVÍA LATE, DIOS NO HA TERMINADO CONTIGO.

No puedes pretender volver a la normalidad enseguida. Sanar un corazón roto lleva tiempo, y lograr las pequeñas cosas que se convertirán en grandes toma trabajo. Es un proceso. Lo fue para mí. Tu 42 puede ser algo que ni siquiera puedo imaginarme. Pero mañana el sol volverá a salir y a ponerse, y Dios seguirá pidiéndote que tomes una decisión.

Puedes elegir la puerta que dice vida o la puerta que dice muerte.

¿Cuál de ellas va a abrir?

Capítulo Tres

Contra las cuerdas

Estuve en la UCI por casi una semana. Siendo un tipo que detesta quedarse quieto por más de cinco minutos, esto fue agonizante. Sin embargo, no fue tanto el "descanso" forzoso lo que me molestó, sino más bien fue la realidad de ver que lo *necesitaba*. Había enfrentado mi humanidad cara a cara y probado el gusto amargo de la mortalidad. Inclusive, después de haber sido dado de alta, seguía tambaleándome tanto emocionalmente como mentalmente por el episodio sísmico que había sufrido.

¿Cómo se suponía que mi vida, mi ministerio y mi futuro se verían de ahora en más?

Unos días después de irme del hospital, tuve que regresar para hacerme un control. Y no lo vas a adivinar, pero el doctor me preguntó si teníamos algún lugar donde pudiésemos estar tranquilos por seis semanas.

"Francamente, el trabajo que ustedes hacen es uno de los que más producen estrés de todos", nos mencionó, asegurándose de que entendiéramos que necesitábamos alejarnos de nuestras vidas ajetreadas en Miami.

No necesité mucha insistencia con eso. Cada vez que trabajas con personas, sostienes sus cargas, y el dolor de ellos puede, muy fácilmente, convertirse en el tuyo si no tienes cuidado. Estás, casi siempre, conociendo a las personas cuando atraviesan los momentos más duros de sus vidas.

"Necesitan alejarse de todo eso por los menos por seis semanas", ordenó el doctor. "De lo contrario, lo vamos a volver a ver aquí, o peor...".

El apartamento que habíamos comprado resultó ser una bendición. Tuvimos que reinventar nuestras vidas durante esa temporada, y eso es difícil de hacer en un entorno donde se formaron todos tus hábitos viejos. Mary cambió nuestra manera de alimentarnos. Todo parecía ser pescado o ensalada, sacado directamente de la lista de alimentación para la salud cardiaca. Las papas fritas eran maléficas, y ni hablar de un plato grande de pasta, prohibidísimo.

Por supuesto que nuestra dieta no fue lo único que cambió.

TUVIMOS QUE REAPRENDER CÓMO
SUPERAR CADA DÍA.

Tuvimos que reaprender cómo superar cada día. Mary no quería dejarme solo por temor de que algo fuese a sucederme. Hasta se quedaba a mi lado mientras yo hacía ejercicio. Dejábamos la puerta del baño abierta por si acaso. Una conmoción y un trauma crean un espíritu fastidioso que comienza a seguirte, susurrándote al oído constantemente. *No bajes la guardia. Sigue nervioso. Sigue con temor.* Si ella me llamaba y yo no le contestaba enseguida, se ponía ansiosa y comenzaba a buscarme por todos lados.

Cuarenta y dos minutos era mucho tiempo, pero también lo fueron esas seis semanas.

SER EL HOMBRE DEL OTRO LADO

Durante seis semanas, me enfrenté cara a cara con mi débil humanidad y me sentí completamente perdido.

Como pastor, yo era el que emitía el diagnóstico de otros, quien los aconsejaba y ayudaba. Yo era el que daba la cara y recibía los golpes, el que se ocupaba de ayudar y guiar. Yo era el encargado de cuidar del personal de la iglesia y de mi familia, no al revés.

Tener los papeles invertidos y ser el que está del otro lado era desconcertante.

Tuve que observar a mi esposa y al resto de la gente cuidar de mí. El personal de la iglesia tomó las riendas e hizo todo sin mí, mientras que algunos amigos venían a cocinar y a limpiar al apartamento.

Parecía como si me hubiesen quitado las manos del timón y me hubiesen movido el piso de abajo; me estaba yendo a la deriva sin propósito.

Dado que mi antigua rutina de trabajo estaba fuera de discusión, tuve que resolver cómo iba a ocupar cada día. Los doctores me habían recomendado que hiciese ejercicio suave, así que Mary yo salíamos a dar caminatas alrededor del apartamento hasta un puente desde donde podíamos ver la bahía. Algunas veces, Mary no podía ir conmigo y eso me hacía sentir tan débil, porque tenía miedo de ir solo. ¿Y si volvía a suceder? ¿Quién me ayudaría? ¿Cómo podía ser posible que tuviera miedo de ir a caminar?

Una tarde, mientras hacíamos ejercicio en la piscina, una mujer se metió también. Era la mujer que Mary había visto mirando desde el balcón de enfrente.

"¿Ustedes son la pareja que los paramédicos vinieron a auxiliar hace unas semanas atrás?", preguntó.

"Sí", respondió Mary, pero me di cuenta de que lo hizo con recelo, como dudando de las intenciones de esa pregunta. Mary sentía que me tenía que proteger.

"Yo estaba en el balcón mirándolos ese día. Acababa de perder a mi hermano, y él tenía la misma edad", nos dijo, mientras nos describía lo que era casi una vida paralela a la nuestra. Su hermano tenía cuatro hijos, un varón y tres niñas, igual que nosotros. Había tenido un ataque al corazón, igual que yo. Pero era un hombre más grandote, los paramédicos eran otros y no pudieron salvarle la vida.

Como iglesia, estábamos creciendo. Es como si hubiesen visto a su líder cansado y tuvieran que levantarle los brazos.

"Mi hermano era el amor de mi vida", nos contó la mujer. "No sé cómo voy a poder vivir sin él".

No sabía qué decir. Y allí estaba yo, un pastor acostumbrado a dar consuelo y ánimo, sin saber qué decir porque todavía estaba tratando de volver a levantarme yo mismo después de todo lo ocurrido.

Durante tres meses, dejé de ir seguido a la iglesia porque me sentía muy incómodo con mi debilidad. Era hermoso y, a la vez, difícil darnos cuenta de que las personas a las que Mary y yo habíamos cuidado ahora nos cuidaban a nosotros. De la misma manera que Aarón y Hur le levantaron los brazos a Moisés para que su vara permaneciera en alto y obtuviesen la victoria de la batalla en el valle, así nuestros amigos y la congregación de la iglesia lo dieron todo y más. Como iglesia, estábamos creciendo. Es como si hubiesen visto a su líder cansado y tuvieran que levantarle los brazos. Ellos estaban experimentando lo mismo que Mary y yo. Iban a acompañarnos en el camino.

David, un amigo cercano en el ministerio, había atravesado su propio momento 42 antes de mi ataque al corazón, y esos días oscuros nos habían acercado mucho. Cuando Mary decidió que iba a asistir a una boda durante esas seis semanas de recuperación, David dijo que vendría a quedarse conmigo.

"¿A quedarse conmigo? No soy un bebé. No necesito una niñera", me quejé.

A pesar de que no me gustaba estar solo, ciertamente iba a tener que acostumbrarme. Tenía que hacerlo. Y fui desautorizado;

no querían que estuviera solo por tanto tiempo. En retrospectiva, probablemente no querían me que siguiera hundiendo en el aislamiento.

David decidió que debíamos ir a un campo de golf de la zona y jugar una vuelta. Usualmente, disfruto pasar el día en el campo de golf, pero ese día no tenía ganas. Cuando la vida te cambia tan drásticamente o te sientes perdido, hay un conflicto extraño en tu interior. No tienes ganas de hacer casi nada y no te gusta ver que no estás haciendo nada. Me gustaba ir a jugar al golf con David y, antes del ataque al corazón, siempre tenía ganas de hacerlo, pero ahora era un hombre distinto.

David, sin embargo, insistió y, poco tiempo después, ya estábamos en el campo. En otra época, cuando yo era "Steve antes del ataque al corazón", ambos disfrutábamos de fumar un cigarro mientras jugábamos al golf. Era nuestra tradición, pero ahora mis viejos hábitos debían cambiar. Estaba bien: el césped verde y el sol calentito y la brisa de Florida eran agradables, pero tenía que estar parado allí, como mi palo de golf en mano, viendo como él disfrutaba de su cigarro.

Sentía que estar parado allí con mi palo de golf, sin un cigarro en la mano era injusto.

"Quiero un cigarro", dije. "No. No puedes".

Agrega eso a la lista, a esa lista interminable de los "no se puede" después de un ataque al corazón. No me puedo quedar solo, no puedo levantar las mismas pesas que solía levantar, no puedo trabajar, no puedo comer eso y, ahora, no puedo disfrutar de un cigarro. Estaba un poco molesto.

Llegamos al *green* en nuestro carrito de golf. David puso su cigarro en el posavasos, tomó su palo de golf y empezó a caminar por el césped.

Desde arriba, un cuervo gigante que estaba escondido en un árbol debe haber sentido mi dolor. En un acto de solidaridad, una sombra bajó en picada y se llevó el cigarro del carrito de golf, casi sin dejar caer ni una ceniza. Voló de vuelta hacia una de las ramas y se quedó allí, con el cigarro encendido colgando de su pico, mirándonos. Le faltaban los anteojos para parecerse a George Burns (un comediante norteamericano).

Si Steve no puede fumarse un cigarro, entonces, nadie más lo hará, pareció decir el cuervo... Fue algo casi de admirar.

"No puede ser", dijo David, mirando hacia arriba desde el *green* con su palo de golf en mano, viendo a su cigarro a metros de distancia por encima de su cabeza. Para el espanto de otros golfistas, comenzamos a tirarle piedras al cuervo hasta que se fue volando, con cigarro y todo. Estábamos riéndonos a carcajadas los dos. Me sentí bien, y me cubrió un manto de alivio.

Todavía me puedo reír, pensé, superando los no puedo de esa lista en la que me era tan fácil enfocarme. *No me han quitado la alegría de mí. Todavía sigue ahí.*

Es demasiado fácil llevar la cuenta de todas las cosas que no son normales, lo que no era usual antes, lo que no es fácil, lo que no puedes hacer. Algunas veces, todo lo que necesitas es un cuervo dándole una calada a un cigarrito en el *green* para volver a sonreír. A veces, necesitas un amigo que te saque de tu apartamento y te lleve al campo de golf.

David no fue mi niñero ese día. Él no solo me llevo a jugar al golf. Me ayudó a volver a reincorporarme a esta nueva jugada que me ofrecía la vida.

CULPA Y AISLAMIENTO

Cuando experimentamos la vida al otro lado de lo que estamos acostumbrados, es confuso. Nos desorientamos y tendemos a aislarnos, alejando de nosotros aquello que deberíamos estar atrayendo hacia nosotros. Enseguida, convertimos a los demás en el enemigo en este tipo de situaciones. Nos sentimos incómodos o resentidos de necesitar ayuda, aun cuando Dios nos trae personas para que caminen a nuestro lado y nos ayuden a sanar. Nos escapamos de nuestra iglesia local en lugar de correr hacia ella. Todos los programas que lidian con abuso de sustancias y que trabajan desde los grupos de apoyo están en lo correcto en que necesitas una comunidad cuando estás teniendo luchas. La intención de Dios nunca fue que enfrentaras solo las dificultades.

Los líderes, especialmente, no pueden estar aislados. John Maxwell dice que si tú eres un líder solitario, no estás liderando correctamente. Si yo paso demasiado tiempo solo, le doy una oportunidad muy grande al enemigo para que me confunda; necesitamos los controles y equilibrios que nos da la rendición de cuentas. El estar solo debe tener un límite.

EL ESTAR SOLO DEBE TENER UN LÍMITE.

Durante esas seis semanas, tuve que batallar con el querer aislarme, así como también con el saber que necesitaba a otros a mi alrededor, operando no desde un lugar de control, sino de debilidad. Me vi obligado a reprogramar mis rutinas y mis hábitos a conciencia y a meditar en lo que ahora iba a significar seguir adelante.

Tras un momento 42, ocurre una recalibración. Cuando las aguas se calman, comienza tu lucha contra la idea de cómo se *supone* que debes vivir de ahora en adelante. Hasta quizá te preguntes si eres la misma persona. Puede que te pase como a mí y sientas la culpa del sobreviviente por estar vivo cuando tantos otros que enfrentaron lo mismo que tú no lo están.

Es como un cóctel de culpa y gratitud. Y, a pesar de que entiendes cognitivamente que no has hecho nada malo, no puedes evitar pensar en los miles de viudas que han perdido a sus esposos, los hijos que han perdido a sus padres y los padres que han perdido a sus hijos. O, peor aún, están aquellos que reciben el golpe del nocaut y se sienten completamente responsables por la tragedia de otra persona.

¿Recuerdas al famoso boxeador Ray "Boom Boom" Mancini, que le habló al grupo de hombres? Mancini mantuvo el título de la Asociación Mundial de Boxeo en la categoría peso liviano desde 1982 hasta 1984. Compitió profesionalmente desde finales de los setenta hasta comienzos de los noventa. Él sabía bien lo que significaba recibir un golpe en el *ring*, así como también en la vida.

En 1982, Mancini defendió su título al vencer al boxeador coreano Duk-Koo Kim en una pelea brutal en Las Vegas. Ambos luchadores se dieron una paliza mutua, se dejaron las caras moradas e hinchadas. La pelea duró 14 rondas antes de que Mancini le metiera un gancho de izquierda, por sorpresa, a Kim y lo tumbara. Momentos después del final de la pelea, Kim se desplomó por un coágulo sanguíneo en el cerebro y murió cuatro días más tarde.[8] Las repercusiones de ese momento fueron significativas. El hijo de Kim perdió a su padre, y su esposa se convirtió en viuda. Por mucho tiempo, Mancini lidió con depresión y culpa, tratando de aceptar lo que había pasado.

---

8   Kriegel Mark. "A Step Back". En *The New York Times*, 17 de septiembre, 2012. https://www.nytimes.com/2012/09/17/sports/families-continue-to-heal-30-years-after-title-bout-between-ray-mancini-and-duk-koo-kim.html.

Este fue su momento 42. Obviamente, él no había hecho nada malo. Pero, al enfrentar una tragedia, las personas buenas lidian con culpa, con dolor y con aislamiento. Sin embargo, al igual que Mancini y que yo, tú no tienes que quedarte allí.

Ya sea que hayas experimentado la culpa del sobreviviente o cualquier otro trauma posterior a tu momento 42, tienes que entender que esas emociones no significan que estés roto. Al contrario, significan que estás listo para salir adelante. Implican que estás tratando de determinar cómo vivirás esta nueva vida de ahora en adelante. Y este pareciera ser el camino a la restauración tanto después de un paro cardíaco como también luego de un momento 42. Lo fue para mis queridos amigos, David y Paola, cuya historia extraordinaria nos deja una enseñanza, al mismo tiempo que nos inspira.

LA RESPUESTA NO ES UN NO, ES UN CÓMO

David y Paola son novios desde la secundaria, enamorados desde el primer momento. Después de casarse, comenzaron a asistir a Metro Life Church. Nuestra iglesia tenía muchas parejas jóvenes con las cuales entablaron amistad. Con el tiempo, esas otras parejas comenzaron a tener hijos.

Pero David y Paola, quienes eran de origen humilde y ahora tenían carreras exitosas, decidieron que esperarían un poco antes de agrandar su familia. Durante cinco años, construyeron su relación y disfrutaron de su compañía mutua. Se ofrecieron para ser voluntarios en el ministerio de niños e hicieron muchos viajes.

Las cosas cambiaron durante un viaje que hicieron a Washington D. C. Mientras miraban a una pareja de la edad de ellos jugar y reír con su hijo, ambos sintieron un deseo en sus corazones. Era el momento de agrandar la familia, estaban seguros de esto; y le anunciaron sus planes a todo el mundo.

A finales del primer año de estar buscando, no pasó nada. Finales del segundo año, nada.

Para ese entonces, ya veían cómo sus amigos y familiares tenían hijos, y sus familias iban creciendo. Ellos celebraban con sus seres queridos, pero también sufrían dolor.

Después de varios años sin poder tener hijos propios, decidieron ir a ver a un doctor para ver qué era lo que andaba mal. Intentaron con medicamentos y con todo tipo de exámenes, pero el diagnóstico final fue que no podían tener hijos.

David y Paola habían comenzado el año del diagnóstico con esperanza, sin tener idea de lo que les esperaba. Y no solo vieron frustrados sus sueños de tener una familia, sino que David se quedó sin su trabajo de arquitecto. Así, de la nada, el golpe que no habían visto venir llegó y todo parecía colapsar.

Le pedí a David que viniera a trabajar como parte del personal de la iglesia. Al principio, rechazó mi oferta porque no quería trabajar en una iglesia como "plan b", pero Paola no opinó lo mismo.

"Quizá Dios nos está invitando a ser parte de algo especial", le dijo.

Resulta ser que eso fue lo que Él hizo. David se unió a nuestro equipo y, en su primer año, fue ordenado como pastor y pasó a ser parte de nuestro equipo pastoral, supervisando las misiones, el alcance en la comunidad, la remodelación del santuario... Y, a pesar de que David puso en segundo plano la idea de formar una familia en medio de toda esa transición, yo sabía que ese deseo seguía vivo.

Un día que me junté con David a tomar un café, lo senté en el banquillo de los acusados y le dije: "Tú y tu esposa son especiales. Tienen un corazón increíble. Ustedes creen que no pueden tener una familia, pero sí pueden".

Cuando estás atravesando un momento 42, quieres escuchar la fe de las personas que creen en un milagro para ti. Quieres que te ayuden a orar para lograr la victoria que visualizas, el sueño original. No quieres que te digan que tú puedes ser el milagro para otra persona. Pero eso es lo que yo le dije. Había muchos niños allá afuera que necesitaban familias. David y Paola podían ser esos milagros para ellos.

Los conectamos con un ministerio que les proporcionaba hogares a aquellos bebés cuyas sus madres decidían que vivieran en lugar de abortarlos. Comenzaron un proceso largo para convertirse en una familia adoptiva autorizada: tuvieron que tomar clases, conseguir cartas de referencia y crear un perfil familiar para que las madres pudiesen elegir. Parecía que todo estaba marchando sobre ruedas y que el próximo paso sería adoptar un bebé.

Puede que esos golpes inesperados nos sorprendan porque seguimos creyendo que sabemos qué es lo próximo que debería hacer Dios. Pero Dios tenía otra cosa en mente para David y Paola. Un jovencito llamado James tenía una necesidad imperiosa de conseguir un lugar donde quedarse debido a una situación difícil en su hogar. Para esto, David y Paola tenían que ir a Tribunales para solicitar que él fuera asignado legalmente su hogar para darle acogimiento temporal (*foster care*) por un mes.

Eso se convirtió en tres meses. Luego fue indefinido. Más tarde, se convirtieron en un hogar de acogimiento temporal autorizado. Y, finalmente, después de unos años, recibieron a una niña a su familia adoptiva, a quien posteriormente pudieron adoptar de forma legal.

Ellos no tenían sus propios hijos biológicos. Pasaron años viendo cómo otras familias crecían. Ni siquiera habían podido recibir un bebé del ministerio donde habían presentado su solicitud. Parecía que Dios les estaba dando varios nos y puertas cerradas en el camino cada vez que pedían algo. ¿Pero acaso fue así? Cuando el sueño fue formar una familia, la respuesta nunca fue un no, sino más bien, fue una cuestión de cómo.

Un ¿Dios, por qué permitiste que esto me sucediera? se transforma, de repente, en un ¿Dios, cómo puedo ser parte de lo que tú quieres hacer? Esa última pregunta está llena de posibilidades infinitas que vienen de un Dios infinito.

¿Has cometido ese error? ¿Estás tirado en la colchoneta esperando la cuenta regresiva, respirando con dificultad, tan seguro de que Dios te está dando un no, tan seguro de escuchar cómo se te cierra la puerta en la cara, cuando, en realidad, Él estaba dándote una oportunidad para colaborar *con Él* en el proceso del cómo?

Siempre me gusta hacerles una pregunta a las personas que, de entrada, parece simple, pero que va al centro de la cuestión en este tipo de situaciones: ¿Cómo va a ser la próxima temporada de tu vida?

No existe mejor momento para hacer esa pregunta ni mejor oportunidad para un cambio que cuando atravesaste tu momento 42 y Dios te está llevando al otro lado.

Parecía que Dios les estaba dando varios nos y puertas cerradas en el camino cada vez que pedían algo. ¿Pero acaso fue así?

Capítulo Cuatro

Puntos ciegos

Delante de mí, en la carretera, había una camioneta de quince pasajeros llena de chicos del grupo de jóvenes de la iglesia y un adulto. Todos nos dirigíamos a Disney World a pasar un día divertido con los jóvenes. Yo seguía a la camioneta con mi propio carro, iba con la que era mi novia en ese entonces y con mi hermana Debbie en el asiento de atrás. Lo vi como un lindo paseo y una oportunidad para conversar con mi novia estos días que estaba de regreso en casa durante el receso universitario, pero Debbie tenía otros planes. Parecía que quería ponerme de mal humor enfrente de mi novia, así que comenzó a darle patadas a mi asiento desde atrás sin cesar.

Con mis manos todavía en el volante, giré abruptamente la cabeza hacia el asiento de atrás. "Para ya", comencé a decir, pero luego vi a Debbie. Estaba teniendo una convulsión y, cuando me di vuelta, pude ver cómo sus ojos se pusieron en blanco y su cabeza estaba dando sacudones. Lo que creí que eran patadas, en realidad, eran sus pies golpeando con el asiento y la puerta. Iba a lastimarse.

Rápidamente, me corrí a un lado de la carretera y le di un tirón al freno de emergencia. Di un salto al asiento de atrás y oré. Yo sabía que uno nunca debe poner los dedos en la boca de alguien que está teniendo convulsiones, pero, del pánico —y por temor de que se mordiera la lengua—, le metí los dedos en la boca.

Mientras trataba de tranquilizarla y oraba, me mordió fuertemente los dedos. Comenzó a salir sangre de todos lados, y el dolor era intenso. No perdí ningún dedo, pero yo sentía como si hubiese pasado eso. Aunque Debbie, a la fecha, ya ha superado sus convulsiones, cada vez que pienso en una convulsión, pienso en ese episodio sangriento.

Esa es la imagen que siempre viene a mi mente. Muchos años después, tuve mis propias hijas pequeñas quienes tenían alrededor de la misma edad que Debbie cuando comenzaron a experimentar sus propias convulsiones.

Una tarde, Mary y yo estábamos en la sala cuando escuchamos gritos en la planta alta. Salimos corriendo hacia el lugar del escándalo. Nuestra hija Lauren salió, de golpe, del baño en pánico.

"¿Qué pasó, Lauren?", preguntó Mary, con las manos sobre sus hombros para calmarla.

"No... me... acuerdo", respondió con dificultad. "Me desperté... en... el piso de la ducha".

Era evidente que había perdido el conocimiento y luego vuelto en sí. Era preocupante, pero todo parecía estar bien. No hubo ningún daño, así que lo dejamos pasar. Unas cuantas semanas después, mientras nos preparábamos para ir a la iglesia, volvimos a escuchar más gritos, esta vez era nuestra hija menor, Gaby. (Estos arrebatos se estaban volviendo comunes). Mary y yo subimos las escaleras corriendo y llegamos justo a tiempo para ver a Lauren convulsionando en el piso donde se había desplomado.

El cuerpo de Lauren se estaba sacudiendo de manera incontrolable y pude ver que tenía un pie atrapado debajo del tocador. La sangre fluía de un tajo que se agrandaba con cada espasmo. Me tiré al piso y traté de moverle el pie, pero su cuerpo estaba muy tieso. Sabía que la podía lastimar si seguía intentando.

Igual a Debbie, pensé. Me dolían los dedos de solo pensar en ello, pero no tanto como tener que ver a Lauren sangrar sin poder hacer mucho al respecto.

Llamé al 911, algo en lo que nos estábamos volviendo casi expertos. Cuando los paramédicos llegaron, nos preguntaron si ella sufría de epilepsia. Les dijimos que no.

Volvió a pasar un mes y sabíamos que algo grave estaba pasando. El doctor coincidió con nosotros y, de igual manera que me paso a mí con mi ataque al corazón, Lauren tuvo que cambiar su estilo de vida. Medicamentos nuevos. Prestar atención a cualquier disparador que pudiéramos imaginar, desde la dieta hasta las duchas calientes. Y, si lo sabré yo, ese cambio tan radical no es poca cosa.

No habíamos tenido la más mínima idea de que Lauren tenía algún problema. Tampoco supimos que los mismos episodios se repetirían unos meses más tarde; solo que, esta vez, fue Lauren la que encontró a Gaby inconsciente con las extremidades convulsionando.

Debbie, Lauren, Gaby. Aparentemente, esto viene de familia. Nos tomó completamente por sorpresa. Tuvimos un punto ciego. Y, por supuesto, el problema con los puntos ciegos es que no sabes que los tienes. Son golpes que no ves venir.

Nuestra atención está dividida entre tantas cosas que se nos hace difícil notar los puntos ciegos. A veces, aparecen de la nada, como esas convulsiones. Otras, existen precursores proféticos que revelan lo que puede que nos depare el futuro. Como unas nubes de tormenta negras en el horizonte que anticipan que hay problemas a la vista.

El problema de esto es que, usualmente, están lejos, demasiado lejos como para preocuparnos. Después de todo, puede que ni siquiera nos toquen.

El tema está en que, si no prestamos atención a la manera en que vivimos nuestra vida y hacia dónde nos están llevando nuestras acciones (o inacciones), podemos terminar viviendo en un mundo de dolor que se pudo haber evitado. Créeme, a pesar de ser un predicador, no te estoy predicando *a ti*. Más bien, te

Nuestra atención está dividida entre tantas cosas que se nos hace difícil notar los puntos ciegos.

voy a invitar a que presencies una charla informal que debí haber tenido conmigo mismo antes de que llegara mi momento 42.

SORPRESA, SORPRESA

Antes de sufrir el ataque al corazón, mi vida estaba llena de distracciones. Los proyectos de construcción de la iglesia, un apartamento nuevo, una vacación en casa rodante, todo eso sumado a las altas exigencias del ministerio, el matrimonio y la familia.

Aunque hubiese querido buscar puntos ciegos potenciales activamente, ¿cuándo hubiese encontrado el tiempo para hacerlo? Estaba tan ocupado con cosas grandes que tuve que adoptar una mentalidad de triaje, y lo que pensé que era pequeño lo dejé pasar.

¿Quién hubiese dicho que la comida era una cosa grande?

Porque eso era la comida para mí: era mi punto ciego. La comida me ayudaba con todos los causantes de estrés en mi vida que ni siquiera me daba cuenta de que estaban ahí. Como nos pasa a todos, yo sabía que podía cuidar mejor de mi salud, pero siempre se convertía en un proyecto para el mes siguiente porque este mes ya estaba desbordado.

"Me voy a comer un plato de fetuchini esta noche y ya mañana comeré mejor". Ese era mi enfoque. Darle largas a este asunto parecía estar funcionando, aunque la realidad es que la obstrucción en mis arterias había comenzado, probablemente, en mis veinte o treinta. Pero, en ese entonces, lo único que me preocupaba de mi salud era que mi pecho se asomara más afuera que mi barriga. En mis cuarenta, sin embargo, mi barriga comenzó a ganarle la carrera a mi pecho. Ya no podía ir al gimnasio como lo había hecho cuando era más joven, porque la vida se llenó de más ocupaciones. Mary yo comenzamos a hacer algo de cardio en el parque, pero yo seguía comiendo y utilizando la comida para lidiar con el estrés. La comida me confortaba, y yo pensé que estaba cubierto con el ejercicio que estaba haciendo.

Uno quiere pensar que tiene la ventaja antes de que ese punto ciego lanza el golpe directo a la quijada.

Hasta el día que sufrí el ataque al corazón, no tuve ninguna advertencia física que indicara que algo estaba mal. Claro, mi doctor me había avisado de que tenía la presión arterial alta y otras cosas más. Y sí, no tenía la misma energía que cuando era más joven. Pero todo el mundo disminuye un poco la velocidad cuando va envejeciendo, ¿no? Yo estaba bien, normal para mi edad.

Bueno, bien hasta que quedé tendido por cuarenta y dos minutos en el piso.

Antes de que me pusieran un *stent* en la arteria, sin saberlo, la obstrucción que iba en aumento impedía que hubiese un buen flujo sanguíneo, lo cual había disminuido mi energía. Lo que yo le estaba atribuyendo a "envejecer" era, en realidad, un flujo sanguíneo reducido en mi cuerpo. Después de uno o dos meses con la endoprótesis, mis niveles de energía habían subido. Mi mente estaba más aguda. Mi cuerpo y mi mente estaban recibiendo sangre más oxigenada.

Siendo una persona que le gusta aprender una lección en cada situación, comencé a buscar la razón por la cual había pasado todo eso ese día y en los días posteriores. Recuerdo que, en el hospital, comencé a repasar los años de mi vida como si estuviese viendo un álbum de fotos, tratando de encontrar la lección que Dios quería que aprendiera. Para mí, hay un orden y un significado detrás de todo el 99.9 % de las veces.

Por algún lado, se había colado un principio. Pero ¿dónde estaba?

Cuando mi familia vino a verme al hospital después del paro, las primeras palabras que salieron de mi boca fueron "Lo siento".

Casi dejo solas a las personas que más amo por no poder decirle que no a una hamburguesa. Mi punto ciego casi me mata. Todo por no seguir el principio más básico de todos: siembra y cosecha.

Físicamente, coseché lo que había sembrado. Planté semillas malas que terminaron lastimando a las personas que amaba. Había vivido con un punto ciego sin controlar que estuvo a punto de llevárselo todo. Había estado precipitándome hacia la muerte a cien millas por hora y ni siquiera lo sabía.

MI PUNTO CIEGO CASI ME MATA.

CUANDO OBTIENES UNA MALA COSECHA

Tenemos una finca familiar en el sur de Georgia. Ese es mi lugar feliz. A lo largo de los años, hemos construido un "granetorio" de 6.000 pies cuadrados que tiene espacios habitables, una cocina comercial y un gran salón con techo abovedado. Muchas veces al año, albergamos los retiros de hombres de nuestro grupo Goodfellas. Es un pedazo del cielo en la tierra. Sin embargo, con toda su perfección, de vez en cuando, recogemos una mala cosecha en sus campos. Existen miles de razones por las cuales obtienes una cosecha mala: el terreno, la mala hierba, los insectos, el clima, las semillas. Y, a pesar de que no puedes controlar algunos de esos factores, muchos de ellos sí. Lo que tú plantes y permitas que germine en el terreno te dará una cosecha abundante o una echada a perder.

Hace unos años, había una pareja en nuestra iglesia que quería que yo los casara. Todo pastor conoce ese momento incómodo cuando te piden que cases a alguien, pero tú sabes que no puedes hacerlo. Las personas que insisten en que están enamoradas rara vez puedan escuchar las razones que tienes para no casarlas; es, casi siempre, muy polémico y delicado. Pero, como pastor, debía hablar.

"No deberías casarte con él", le dije a la joven luego de expresarle que no los podía casar. Yo sabía que su novio era un poco buscavidas, nunca podía mantener un trabajo, pero siempre andaba llenándose la boca con puro palabrerío y siempre andaba corriendo detrás del próximo éxito. Ese tipo de estilo de vida suele abordar las relaciones de la misma manera y, tarde o temprano, vendría de visita al matrimonio. Eso sumado a que ya estaban viviendo juntos. Yo no podía casarlos bajo esas condiciones.

Me gustaría decirte que me hizo caso, pero no fue así. Ellos insistieron en que yo estaba equivocado y que estaban enamorados e iban a hacerle caso al corazón. Eligieron irse de la iglesia, culpándome de no apoyarlos y encontraron alguien más que los casara. Luego de unos pocos años, ya estaban divorciados. Él se volvió a casar rápidamente con otra mujer en Nueva York y le hizo lo mismo otra vez a alguien más.

A veces, la semilla parece buena y puede que el esfuerzo valga la pena, pero la cosecha revela una verdad diferente.

Hace poco vi la película de HBO *Tony Hawk: Until the Wheels Fall Off* (Tony Hawk: Hasta que las ruedas aguanten). Los directores capturaron los intentos de esta leyenda del *skateboard* de hacer un truco complicadísimo que involucra rotaciones completas, un 1080. La cantidad de veces que él falló fue espectacular (y doloroso de ver), pero Tony estaba determinado a seguir hasta planchar el truco. Se aplastaba las costillas, su casco volaba por el aire y se golpeaba la cabeza, terminaba grogui y adolorido, se quedaba noqueado en el piso con su tabla a cientos de metros. Pero no se

A veces, la semilla parece buena y puede que el esfuerzo valga la pena, pero la cosecha revela una verdad diferente.

daba por vencido. En algún momento, le iba a salir bien. Aunque sufriera lesiones graves o un daño físico permanente a su cerebro o cuerpo, era un 1080 o nada. Él iba a planchar ese truco sí o sí.

Y lo hizo. Logró el 1080 y, aunque fue un momento importante, estaba claro que quería pasar a otra cosa.

Sí, él fue el primero en lograr un 1080, pero eso le había causado tanto dolor y tantas lesiones y contratiempos que se llegó a preguntar si había valido la pena. Ese 1080 le costó algo por lo que él no estaba dispuesto a seguir pagando el precio, aun cuando otros *skaters* se las arreglaron para lograrlo después de que él sentara el precedente.

"¡Pero, Tony, pudimos verte hacerlo a ti primero!", diría la gente, tratando de convencerlo de que había sido una buena cosecha.

"Pero mira lo que me costó".

A VECES, NO NOS DAMOS CUENTA DEL PRECIO A PAGAR POR LO QUE PERSEGUIMOS.

Entiendo. A veces, no nos damos cuenta del precio a pagar por lo que perseguimos. Determinamos que algo es tan importante que sembramos todo lo que tenemos en eso. Luego, cuando finalmente llegamos a la meta y estamos desgastados, nos damos cuenta de que el precio fue muy alto. Frecuentemente, les pregunto a mis amigos que están en los negocios cuánto es suficiente. ¿Cuánto sacrificio es aceptable cuando estás sacrificando tu matrimonio, tu fe o tus hijos? ¿Qué valor tienen, en realidad, el dinero y la fama? Finalmente, lograste planchar ese 1080, y el mundo pudo ver tu éxito. Pero ¿cuánto te costó?

A veces, la semilla es buena y, en una temporada distinta de la vida, tu cosecha sería magnífica. Pero el momento es el incorrecto. Los campesinos saben perfectamente que hay una ventana de tiempo para plantar. Hay un orden adecuado para plantar y cosechar. Cada cultivo viene con una temporada definida, y aprendes qué cultivos deberías plantar después de otros. Primero, planta las legumbres para introducir el nitrógeno en la tierra. Luego, planta el maíz. A veces, necesitas dejar el terreno en barbecho para que se regenere.

La cosecha más difícil es cuando pasa algo que no puedes controlar. En un viaje que hicimos a nuestra finca, me di cuenta de que los cerdos se habían metido en el plantío de maíz y, prácticamente, lo habían destruido. No se pudo hacer mucho al respecto más allá de cosechar lo que quedó, sacar a los cerdos de allí y sembrar semilla nueva para la próxima ronda. No se puede cambiar lo que es, solo lo que será.

Me llevó a pensar cómo los creyentes suelen entender la idea de la cosecha de una forma equivocada. Queremos culpar al diablo cuando tenemos una mala cosecha en nuestra vida.

"¡El cultivo era bueno hasta que los cerdos los dañaron!", afirmamos, culpando a los cerdos.

Tú puedes culpar a los cerdos todo lo que quieras, pero eso no cambiará la cosecha.

Como lo hizo David en el Salmo 51, tenemos que hacernos responsables de nuestra cosecha. Ya sea porque plantamos la semilla equivocada en el momento equivocado o porque los cerdos la dañaron, nunca tendrás una nueva cosecha hasta que comiences a plantar una nueva semilla.

Para que algo nuevo eche raíces y se convierta en cosecha, hace falta tiempo. Pero la razón por la que a Dios le importa tanto que nos arrepintamos y cambiemos lo que valoramos es porque sabe que tenemos que comenzar a sembrar algo distinto. No podemos seguir lamentándonos por los cerdos. Cuando tengo una mala cosecha en la finca, sería ridículo de mi parte pensar que la cosecha será mejor el año entrante si no hago ningún ajuste.

Mi ataque al corazón fue una cosecha muy mala, y me puso a pensar en cómo no pude ver todas las semillas malas que había estado plantando todos esos años de alimentación descontrolada, cuando creía que un poco de ejercicio iba a compensar un bufet libre. Yo estaba sembrando una semilla pésima y pensé que no me iba a afectar, pero permití que se arraigara un punto ciego.

"¿Por qué no me avisaste, Dios?", pude haber dicho, enojado con mi puño hacia el cielo, mezclado con la culpa de "¿Por qué a

Para que algo nuevo eche raíces y se convierta en cosecha, hace falta tiempo.

mí?". Pero Dios es lo suficientemente cortés como para darnos a elegir lo que hemos de plantar.

Si les pudiera dar un regalo a mis hijos, sería decirles una cosa: enfóquense en la semilla que están plantando ahora mismo. Asegúrense que sea de Dios, que sea una semilla de calidad.

Cuando puedes captar el concepto de la siembra y la cosecha, comienzas a apropiarte de la sabiduría. La sabiduría de Dios es la que te mantiene fuera del pozo del cual te tiene que sacar la liberación. Si caminas en la sabiduría de Dios y sigues sus principios, no tienes que pasar al frente todos los domingos a pedir oración siempre por lo mismo.

"Necesito oración porque mi matrimonio está en problemas".

"Necesito oración para vencer esta adicción".

"Necesito oración porque mi deuda es más grande de lo que puedo manejar".

Sí, tenemos necesidades, y hay cosas que se salen de nuestro control. El huracán Andrew sí nos afectó. La sequía y el granizo pueden venir de repente y destruir el plantío que has sembrado y desmalezado con tanto cuidado. Pero, como cristiano, ¿cuándo comienzas a ser esa persona que ora por otros en lugar de estar pidiendo oración para ti constantemente? ¿Cuándo vas a, finalmente, abrir una bolsa de semillas nueva y seguir los buenos principios?

LOS PRINCIPIOS EXISTEN PARA CUMPLIRSE

Nuestra iglesia tiene un pacto cultural de liderazgo (LCC, por sus siglas en inglés), el cual está alineado con nuestra cultura y nuestros principios.

Para ser honestos, nada referente al LCC es atractivo. Sin embargo, yo sabía que tenía que ayudar a las personas a tener éxito en el área espiritual en la iglesia y había que comenzar por nuestro liderazgo. El LCC nació en ese tipo de terreno; no queríamos que eso nos volviera a suceder, así que la idea era utilizarlo para asegurarnos de que nuestro personal también estaba alineado a nuestros principios. Si alguno de ellos estaba camino al precipicio, queríamos saberlo y ayudarlo a regresar a un lugar seguro.

El equipo estaba un poco nervioso al principio. Reunirse con alguien más que les preguntara cómo les estaba yendo en cada área cubierta en el LCC, en una escala del 1 al 10, iba a confrontarlos e invadirlos, independientemente de cómo lo abordáramos. La idea no era crear temor y vergüenza, sino permitirles ser honestos. Si había un área en la que sentían que estaban por debajo de un cinco, oraríamos al respecto y pediríamos rendición de cuentas.

Ese primer año fue, básicamente, una introducción de la idea a nuestros equipos. Hubo un poco de resistencia para adoptarlo, quizá porque el concepto era un poco intimidante y nuevo. El segundo año, tratamos de hacerlo más intencionalmente.

"Tratemos de acordarnos de por qué hacemos esto", le dije al equipo, recordándoles que nuestra intención era lograr el éxito espiritual y nos ser intimidantes o invasivos.

Pero, luego, en el 2020, llegó la pandemia. Si hubiésemos tenido un fundamento más sólido con el LCC antes de ese año, no creo que hubiéramos perdido a tantas personas durante ese periodo de tiempo; y, definitivamente, no hubiésemos tenido que funcionar en modo de supervivencia.

Cuando llegó el 2021 y parecía que la vida estaba volviendo a la normalidad, intentamos volver a implementar el LCC. He leído alguna vez que lograr un cambio real en una organización lleva alrededor de tres años, pero mi naturaleza de querer terminar lo que empecé me estaba exasperando. La aplicación del LCC se estaba moviendo a paso de tortuga.

Pronto, llegó el 2022. Mi hija nos ayudó a cambiar el LCC un poco agregando algo de entrenamiento a nuestro retiro anual con el personal de la iglesia. Cité a todo el personal a una video llamada por Zoom en la cual apliqué el LCC en mis asistentes personales del ministerio para que ellos pudieran tener una idea de cómo funcionaría.

Cero gozo.

"Muchachos, ¿qué está pasando? Nadie está haciendo el LCC", les dije. Y les di un plazo para completarlo con sus propios empleados. "Les estoy ordenando que hagan esto, no es una sugerencia".

Dos semanas después, en una reunión de personal en la que escuché a varias personas explicar las cosas que les gustaría cambiar, les pregunté quién de ellos había implementado el LCC porque lo veía adecuado para nuestra cultura y porque revelaría si estábamos sintonizados con nuestros principios base o no.

Ninguno levantó la mano.

"¿Quieren cambiarle cosas y ni siquiera lo han utilizado todavía?", cuestioné. Les extendí el plazo a siete días para poner a trabajar el LCC.

En cierto modo, el LCC reveló algunas semillas plantadas en nuestra iglesia de las cuales no teníamos conocimiento. La reticencia a utilizarlo era reveladora en sí misma. Terminamos perdiendo a unas personas muy queridas, algunas de las cuales habían estado con nosotros años antes de implementar el LCC. Estas eran personas muy cercanas a mí, quienes me habían permitido conocer su vida entera. De la misma manera que cuando un doctor da los resultados de exámenes médicos, el LCC revela si hay algún problema potencial.

Se supone que uno vive bajo la regla de los principios. Prefiero perder una relación laboral con alguien que contradecir los principios de la iglesia. Y que yo diga eso no es poca cosa, ya que valoro altamente las relaciones. Pero valoro aún más los principios de la iglesia porque son fundacionales. Compromete tus principios y verás cómo pronto tienes un desastre.

COMPROMETE TUS PRINCIPIOS Y VERÁS CÓMO PRONTO TIENES UN DESASTRE.

Puede decirse lo mismo de nuestras vidas. Todos nosotros tenemos ciertos principios. Yo tenía los míos propios, pero mi ataque al corazón fue prueba de cómo los desobedecí e ignoré a mi doctor.

¿CÓMO QUE MEDICAMENTOS?

Cuando cumplí mis cuarenta años, mi doctor me sugirió que tomara medicamentos para la presión alta, pero yo elegí ignorarlo.

Mi papá había estado tomando medicamentos para la presión arterial desde que tenía treinta años, y yo odiaba eso. Sin embargo, a él nunca le sucedió nada, así que yo decidí, simplemente, esforzarme un poco más y evitar tener que depender de ellos. No me agradaba la idea de tener que tomar medicamentos porque eso era para las personas enfermas. En cierto modo, quería declarar —por fe— que yo era sano.

Y eso es genial, hasta que casi terminas muerto a no ser por cuarenta y dos minutos de resucitación.

Tuve una vida nueva después de eso, una llena de píldoras (aunque actualmente ya he dejado la mayoría de ellas). Mi dieta pasó de estar principalmente constituida por carne, pan y papas a estar llena de ensaladas. Tenía que ver al cardiólogo casi tantas veces como veía mis palos de golf. Tú puedes elegir si vives bajo la regla de tus principios o si mueres con ellos a la vista.

Darme cuenta de cuánto de todo esto había sido responsabilidad mía me hizo sentir mucha vergüenza, a pesar de estar muy agradecido con Dios por haberme dado otra oportunidad de vida. De hecho, las tres cosas que más me afectaban eran el no haber respetado mis principios, la gratitud a Dios por la vida y... la culpa.

Me refiero a la culpa del sobreviviente, algo con lo que tanto Mary como yo tuvimos que luchar después de mi ataque al corazón. Qué extraño es sentir una gratitud inmensa y, a la vez, culpa por estar vivo, por haber sobrevivido un tipo de ataque al corazón que mata al 90 % de las personas.

Te aferras a la fe para vencer el temor a que pueda pasar lo peor.

Te aferras a la fe para luchar contra la culpa que sientes porque lo peor no te pasó a ti.

Te aferras a la fe para procesar la inmensa gratitud que sientes de servir a un Dios que no permite que pase lo peor.

La culpa del sobreviviente nos hizo difícil el poder compartir nuestra historia. Conocimos a muchas personas cuyos seres queridos habían muerto, muchos cuyas situaciones no habían tenido el mismo desenlace que la nuestra.

El hermano de la vecina que murió en circunstancias casi idénticas a la mía.

El hombre que me estaba instalando el generador, quien murió de un ataque al corazón.

El hecho de que estábamos en nuestro apartamento nuevo en Stuart en lugar del condado de Miami-Dade donde la capacidad de respuesta es mucho más lenta.

Que mis paramédicos habían perdido a un hombre ese mismo día más temprano y estaban determinados a salvarme.

"Escuchamos a su esposa en el teléfono, hablando y orando con las personas", me dijeron. "Supusimos que usted era alguien especial y queríamos salvarlo".

¿Cómo puedo hablar de cómo fui arrancado de las garras de la muerte si no puedo explicarle a alguien por qué razón no puede decir lo mismo? Era como si nos sintiéramos culpables de la gracia de Dios.

Ya sea un ataque al corazón o cualquier otra situación que tú hayas sobrevivido y otros no, siempre sentirás la culpa del sobreviviente. En mi caso, no puedo decirte por qué sí o por qué no. Lo que tengo son cuarenta y dos minutos.

Lo que sí puedo decirte es que planté malas semillas, no viví de acuerdo con mis principios, sino que di lugar a que un punto ciego creciera, y Dios me dio cuarenta y dos minutos para ponerme al día. Porque, desde su perspectiva, no había ningún punto ciego.

Qué extraño es sentir una gratitud inmensa y, a la vez, culpa por estar vivo, por haber sobrevivido un tipo de ataque al corazón que mata al 90 % de las personas.

En Marcos 10:46-52, Jesús pasó por al lado de un mendigo, Él sabía lo que el hombre quería; pero, de todas formas, se lo preguntó.

"¿Qué quieres que haga por ti?", preguntó Jesús.

En Juan 5:1–9, leemos acerca de un hombre que había estado lisiado por 38 años. Cuando Jesús pasó y lo vio, Él sabía cuál era su problema.

"¿Quieres ser sanado?", preguntó Jesús.

Si tú eres como yo, tienes puntos ciegos. Has plantado malas semillas, aunque la cosecha todavía no haya salido. ¿Quieres ver? ¿Quieres ser sanado?

Mi oración es que mi momento 42 no tenga que ser el tuyo. Que puedas escuchar mi historia y no tengas que llegar a estar en el piso saboreando el gusto de la muerte antes de contestarle a Jesús con un rotundo "¡Sí!".

¿Por qué viví?

No lo sé. Pero tengo más tiempo debido a eso y no quiero malgastarlo en ninguna otra cosa que no sea mostrarles a las personas el Dios que intervino y me salvó la vida durante esos cuarenta y dos minutos.

Capítulo
Cinco

Corriendo con una cojera

El atletismo y yo no nos llevamos para nada bien. Jamás voy a correr un maratón, y eso no me atormenta. Nunca va a haber ninguna de esas calcomanías 26.2 en la parte trasera de mi carro. Mi papá nunca fue muy deportivo; su enfoque siempre estuvo en levantar la obra de la iglesia. Pero el fútbol americano es palabras mayores acá en el sur; y, de niño, me acuerdo rogarle a mi mamá que me dejara jugar en la liga de fútbol de niños. Yo tenía dos hermanas y me la pasaba empujándolas de un lado para el otro. ¿Cuán difícil podía ser el fútbol?

Resulta que empujar a tus hermanas de aquí para allá es completamente diferente a ser aporreado por un grupo de niños en el campo de juego. No me tomó demasiado tiempo empezar a odiar el fútbol porque me sentía intimidado y correr era espantoso.

Yo era un niño con sobrepeso —"robusto", como decía tan amorosamente mi mamá—, y los ejercicios físicos que se nos exigían en las prácticas eran demasiado. La práctica se volvió una tortura por todos los ejercicios y las carreras de velocidad; y, ya para la tercera práctica, me había hartado del chistecito del fútbol. Estaba listo para verlo solo por TV, nada más.

El momento decisivo ocurrió al final de la práctica. El entrenador, que ya nos tenía exhaustos, nos hizo terminar el día con carreras de velocidad. Yo ya estaba a punto de vomitar y, al poco tiempo, los otros niños ya iban terminando sus vueltas mientras yo seguía corriendo sin cesar en el campo. Más que una carrera de velocidad, lo mío era el *show* del rezagado.

"¡Vamos, pastorcito!", me gritó el entrenador en un momento dado, ya que era el único que seguía corriendo. "¡Vamos! ¡Tú puedes!".

Me sorprende que mi corazón no me fallara en ese mismo momento, de niño.

Milagrosamente, pude completar las vueltas, jadeando y casi sin aire.

"Nunca más volveré a jugar al fútbol", les anuncié a mis padres cuando vinieron a buscarme. "El entrenador se burló de mí y me llamó 'pastorcito'".

Papá no necesitó más pruebas. También ayudó el hecho de que a él nunca le entusiasmó demasiado tener que llevarme a las prácticas. Desde ese momento en adelante, comencé a hacerles mis tacleadas y grandes jugadas a mis hermanas por toda la casa.

Y, a pesar de que comencé a levantar pesas y a ir al gimnasio de más grande, lo de correr nunca fue lo mío.

Mis caminatas por el hospital, en esos primeros días posteriores al ataque al corazón, parecían un maratón; el solo hecho de salir de la cama era agotador. Pero ya empezaba a sentir fobia de estar encerrado, no tenía visitantes que me distrajeran todo el tiempo y quería salir de mi habitación e ir a dar vueltas.

"¿Se encuentra bien Sr. Alessi?", me preguntó la enfermera en la estación de enfermeras afuera de mi habitación. Debo haber parecido un desastre, parado allí en la puerta con mi bata y las botitas grises típicas de hospital. A decir la verdad, había tratado de afeitarme y arreglarme un poco antes de salir de mi habitación.

"Sí", dije. "¿Está bien si voy a caminar un rato?".

"Claro, solo que no vaya muy lejos", me advirtió ella.

Y así me fui por el pasillo, tratando de avanzar lentamente. Hacía una semana atrás hubiese podido ir volando por ese pasillo, pero ahora era un verdadero esfuerzo. Cuando ya había cruzado las demás habitaciones, comencé a llorar. Al principio, me sentí bien. Salir de la cama significaba que no iba a ser un inválido, lo cual era reconfortante. Sin embargo, cada paso que daba me hacía sentir cada vez más cansado y me recordaba que la vida iba a ser completamente diferente de ahora en adelante.

Tenía que hacer cambios, algunos de los cuales ya sabía que tenía que hacer y otros que me obligarían a hacer. No importa cuán dulce fuera la dietista de la American Heart Association, sus visitas nunca eran placenteras. Ciertas comidas me habían traído consuelo y calma —comidas con sabores y texturas que me encantaban—, pero ahora me las estaban quitando y remplazando por bah.

Con lágrimas en el rostro y arrastrando los pies por las baldosas, me agoté rápidamente y supe que necesitaba volver a la habitación a descansar. Dar la vuelta en la esquina al final del pasillo corto parecía un maratón. En algún lugar de allí, había un entrenador gritando: "¡Vamos, pastorcito!".

El regreso a mi habitación fue mucho más lento, y me estaba comenzando a empapar en sudor.

Este es el día en que una caminata por el pasillo casi me mata, pensé; y la realidad me cayó encima como un balde de agua fría. De ahora en adelante, siempre iba a tener estas heridas. Puede que las cicatrices de un ataque al corazón no fueran visibles después de un tiempo, pero yo sabía que el daño estaba allí. Nunca podría olvidarme lo que me había pasado y, si no tenía cuidado, el miedo y el enojo podían surgir en lugar de un cambio positivo.

Todo tenemos algún tipo de herida o algún tipo de cojera. Tú decides si permites que eso te ponga a un costado en el banco de suplentes —donde te quedarás sentado mirando, meditando en cuán injusta es la vida— o te puedes levantar y caminar y quizá hasta puedas aprender a correr con ella. Pienso que ya he establecido bastante bien lo mucho que me desagrada correr, pero, para

Puede que las cicatrices de un ataque al corazón no fueran visibles después de un tiempo, pero yo sabía que el daño estaba allí.

ser honesto: nunca había tenido el menor interés en correr un maratón, hasta que me dijeron que no podía hacerlo.

¿Qué haces *tú* cuando tienes una lesión permanente en tu cuerpo o en tu espíritu, cuando tienes algún tipo de cojera? ¿Avanzas a pesar de eso o dejas que la vida te pase de largo?

UN CLUB DE *STENTS* DE ELITE

Soy un portador orgulloso del carnet del prestigioso Club del *Stent*.

En serio, un *stent* en el corazón viene con su propio carnet. Se supone que lo llevas contigo en todo momento porque contiene información importante acerca del *stent*, tal como qué tipo se te implantó, el tamaño y el vaso sanguíneo en el que se colocó. La idea es que cada paramédico o doctor que vaya a llevar a cabo un procedimiento en el futuro tenga esa información para tomar las mejores decisiones. Es casi como esos brazaletes de alerta médica que advierten a otros de acerca de alergias serias o de condiciones médicas.

Resulta que la mayoría de las personas se olvidan de llevar ese carnet con ellas. Quizá piensen que un *stent* no es la gran cosa, ya que es tan pequeño. Un *stent* es del tamaño de un cable de un audífono. Es realmente diminuto. En mi caso, después de que me realizaron la angioplastía para agrandarme el vaso sanguíneo, me introdujeron el *stent* por la ingle.

No te imaginas que algo tan pequeño pueda hacer algo tan grande como mantener el vaso sanguíneo abierto para que la sangre pueda fluir, y tienes mil preguntas. Al menos yo las tenía.

"¿Puede fallar esta cosa? ¿Qué pasa si se pone vieja? ¿Será que se oxida?", pregunté. El paso del tiempo no había favorecido a mi cuerpo, así que tampoco favorecería al *stent*. "¿Qué va a pasar con esta cosa con el paso del tiempo?".

Con el tiempo, me volví obsesivo con la limpieza de mis arterias para que no se formara otra obstrucción y también para repeler cualquier problema con el *stent*. Milagrosamente, también desarrollé cierta obsesión por comer todos y cada uno de los vegetales que pudieran ayudar al proceso.

Mi preocupación por el *stent* y todo lo que estaba pasando hicieron que yo contactara a un doctor que me ofreció terapias alternativas, como la terapia de quelación. Es un tipo de terapia que utiliza agentes quelantes, a través de un goteo intravenoso, para eliminar metales pesados del cuerpo. Hice treinta de esos tratamientos, olía a un dispensario de vitaminas, pero me dieron una gran tranquilidad al saber que estaban ayudando a eliminar la placa.

Quelación, vegetales verdes... Parecía como que alguien había activado un interruptor, y los cambios que tenía que hacer en mi vida se volvieron más fáciles de hacer cuando los asumía desde la perspectiva de no abusar de mi condición de miembro del Club del *Stent*. El saber que tenía un *stent* me generaba sentimientos encontrados. Me hacía sentir viejo, pero me daba algo de tranquilidad. Era tan diminuto que me motivaba a mantener mis arterias limpias.

Nada de esto era parte del plan que tenía para mi vida antes de sufrir el ataque al corazón. En mi mente, la carrera que correría sería un poco más suave. Me di cuenta de que iba a estar corriendo con una cojera.

LUCHANDO CON DIOS

Jacobo estaba completamente solo, en el medio de la noche oscura, cuando tuvo la pelea más importante de su vida.

Encontramos esta historia en Génesis 32, cuando Jacob se acomodó a la orilla del arroyo para descansar. Él había enviado a toda su familia y sus posesiones al otro lado de la orilla cuando, de repente, se presentó un hombre y comenzó a luchar con él.

Jacobo no iba a rendirse fácilmente. Lucharon la noche entera y, cuando el sol estaba a punto de asomarse en el horizonte, el hombre tocó la cadera de Jacobo dejándole una herida permanente: una cojera que lo acompañaría por el resto de su vida. Y aun en el medio de su dolor, Jacobo no lo soltaba, no iba a abandonar la lucha hasta no recibir una bendición.

Usualmente, luchar con Dios es muy distinto, si lo comparamos con lo que vivió Jacobo esa noche. Los días, las semanas y los meses posteriores al ataque al corazón, yo luché con Dios. Y, aunque yo no esté diciendo que Dios abiertamente nos toca y nos da una cojera, sí quiero recalcar que la cojera de Jacobo no significaba que él era débil. Simplemente, quería decir que no era tan grande y fuerte como Dios.

Puede que esa cojera le enseñara una lección de humildad a Jacobo porque él no era un buen tipo. Tenía una historia personal que denotaba falta de carácter e integridad. Pero, cuando Dios terminó de lidiar con Jacobo, hizo un pacto con el que sobrepasaría cualquier fracaso significativo que él pudiera haber tenido. Dios todavía iba a usar a Jacobo para llevar adelante un plan mayor, a pesar de sus errores y defectos. Dios nos usará aun en nuestro estado más débil, frágil y dañado.

Esto no quiere decir que te vas a sentir victorioso. El enfoque humano ve la victoria a través de la fortaleza, no a través de la debilidad. Puede que te encuentres con cicatrices y una cojera, sintiéndote deshecho luego de luchar con la vida. Pero la fortaleza de Dios se perfecciona en nuestra debilidad. Su gloria se ve a través de nuestra cojera porque queda claro que lo que Él logra en nuestra vida es debido a su poder, no al nuestro.

Mi caminata por los pasillos del hospital me dejó sintiéndome débil, indefenso y desconsolado. Si todo esto se hubiese tratado solo de mi humanidad y de lo que podía hacer con mis propias fuerzas, nunca hubiese podido llegar hasta donde estoy hoy. El hecho de saber que el plan de Dios es muchísimo más grande, que podía luchar con Él y, así y todo, superar lo que fuere y seguir siendo usado por Él fue lo que me sostuvo en aquel entonces y es lo que me sigue sosteniendo hoy.

LA FORTALEZA DE DIOS SE PERFECCIONA EN NUESTRA DEBILIDAD.

O sea, reprobé el examen de la hamburguesa. No me cuidé. No hice lo que necesitaba hacer para evitar el ataque al corazón. Ignoré mi responsabilidad. Pero Dios me encontró donde estaba porque Él todavía quería hacer mucho más a través de mí. Él no vio en mí un espécimen inservible, roto y siendo resucitado en el piso de un apartamento. Él vio la manera en que su gran poder se manifestaría en mi vida a través de un cuerpo roto. Él tenía un plan, aunque yo no lo conocía.

Saber eso es una cosa, sentirlo es otra.

De alguna manera, el no conocer el plan de Dios va de la mano con la culpa del sobreviviente. Cuando las personas nos preguntaban a Mary y a mí por qué yo había sobrevivido y otros no, la respuesta incómoda es... no lo sabemos. Dios lo sabe. Dios tiene un plan. Simplemente, no conocemos todos los detalles ni todas las razones.

Si tú puedes abrazar este concepto —realmente captar el hecho de que simplemente no sabes el porqué—, entonces llegarás, eventualmente, a la pregunta que deberías estar haciéndote. No es "¿Por qué pasó esto?", sino "¿Qué voy a hacer ahora?".

El trayecto para llegar de la primera pregunta a la segunda es bastante largo, es prácticamente un maratón. ¿Por qué, Dios? puede convertirse en ¿Por qué no? Y luego en ¿Para qué?, y aun en el terriblemente especulador ¿Qué pasaría si...? Todas esas preguntas dan mucho lugar al enojo, la frustración y la culpa. Eso forma parte de la lucha con Dios.

Yo soy un poco directo y no soy conocido por tener el don de la consejería; pero, si estás luchando con Dios por algo, esta sería la forma en que yo lo analizaría.

Comienza por reconocer qué sí sucedió. Aunque muy dentro de ti, tú sepas lo que pasó y lo que hiciste para causarlo —como ser el rey de las hamburguesas—, tienes que aceptar que sucedió y que puede que no tengas todas las repuestas del por qué. Esto es más difícil de hacer si eres la víctima inocente de algo terrible, porque no existe ningún indicio claro del porqué. Pero todos podemos reconocer lo que pasó, más allá de cuánto podamos explicar de los "por qué".

A partir de allí, es donde comienza tu lucha. Porque ahora tendrás que decidir cómo responderás. Sucedió, ¿y ahora qué?

¿Dejas de vivir y permaneces, para siempre, estancado en ese momento permitiendo que defina quién eres? ¿Todavía confías en el propósito mayor? ¿Comprendes que te pasó algo espantoso que pudo haberte eliminado y no lo hizo? ¿Qué cambios puedes hacer para que no te vuelva a pasar? Este tipo de momentos trascendentales en la vida son como luces de alerta y sirenas. De ahora en adelante, podrás conectar todo lo que haces a aquel momento, el momento de la encrucijada.

Si decides que esto no volverá a pasar, ¿Qué vas a hacer al respecto? ¿Qué es lo que tu fe está creyendo? ¿Puede volver a comenzar ese negocio, pero mejor? ¿Puedes volver a ese lugar donde puedes amar y confiar de nuevo? ¿Tienes la fe para creer que se puede abrir una puerta nueva? ¿Crees que puede haber vida después de esto y que vas a tener que vivirla?

La vida es un milagro precioso. Es demasiado precioso para desecharlo. Qué pena es sobrevivir algo para después rendirse, dejar que tu vida se reduzca a nada y convertirte en un simple observador en lugar de luchar con Dios hasta el amanecer.

Dios está allí contigo. Él no permite que te suceda algo que no puedan soportar juntos. Él no permitirá que seamos tentados sin darnos una vía de escape.

Durante mi niñez, mis padres se peleaban bastante. Papá era de Brooklyn y mamá era de Mobile, y las explosiones en casa podían ser espectaculares. Mi hermana Debbie y yo solíamos irnos seguido a nuestra habitación llorando.

"Si Dios no creyera que podemos soportar esto, jamás nos hubiese hecho hijos de predicadores", me decía.

Hay veces, mientras camino el trayecto de mi vida con esta cojera debido a la cicatriz que tengo en mi corazón, que agradezco a Dios por caminar conmigo. Juntos podemos enfrentar lo que sea que se nos presente.

¿QUIÉN DIJO QUE NO ERES PERFECTO?

Melanie y su esposo han estado asistiendo a Metro Life Church por muchos años, desde que comenzamos la obra. Su hijo Benjamin fue el primer niño que dediqué al Señor.

Su segundo hijo Nicholas tenía tan solo seis meses de edad cuando Melanie se apareció en la oficina de Mary con un papel en la mano, lágrimas corrían por su rostro.

A diferencia de su primer hijo, Melanie había notado que Nicholas no estaba desarrollándose de la misma manera, y los retrasos la habían preocupado. Al principio, los doctores le dijeron que dejara de compararlo con su primer hijo y que cada hijo

Dios está allí contigo. Él no permite que te suceda algo que no puedan soportar juntos.

era único. Pero los retrasos en el desarrollo continuaron y, finalmente, un genetista pudo explicarle lo que estaba sucediendo. Él tenía un trastorno cromosómico, la duplicación invertida del cromosoma 8p. Este trastorno era muy raro, solo se conocían cinco otros casos en ese entonces.

"Ni si quiera sé cómo orar", le dijo a Mary mientras se sentaba, todavía agarrando con fuerza el papel donde se detallaba el diagnóstico, un pedazo de papel que indicaba una discapacidad física e intelectual que parecía destrozar los sueños de la familia. El doctor le había dicho que su hijo tendría discapacidades físicas y cognitivas graves. Existía el riesgo de que sufriera un fallo en los órganos internos. Sus vidas cambiarían desde ese momento en adelante.

"Melanie, ese papel no va a definir a tu hijo", la animó Mary, y comenzaron a orar.

Melanie estaba enojada con Dios; quizá por eso le costaba orar. Ella era una buena cristiana. Servía en la iglesia, leía la Biblia, hacía todas las cosas correctas. Esto no era justo.

"¿Por qué a mí, Dios?".

Aun así, mientras ella luchaba con Dios, Él fue paciente y siguió obrando. Ella recordó cuando, después de otro escaneo cerebral que tuvo Nicholas, el neurólogo le dijo de nuevo todo lo que le podía pasar a su hijo, pero luego la sorprendió con sus palabras.

"Puede que todas esas cosas sucedan, sí", explicó él. "Pero tú vas a criarlo como si nunca fuesen a suceder. Lo tratarás como si él no tuviese ningún problema. Él va a experimentar la vida. Tú le vas a enseñar matemáticas. Te reirás de sus chistes".

A medida que Nicholas crecía y que las visitas a los especialistas y terapeutas se volvían regulares, Melanie comenzó a ver las bendiciones de Dios. Ella pudo observar cómo él superaba las expectativas aprendiendo a hablar. Su primera palabra, a la edad de cuatro, fue *mamá*. Él era un niño muy feliz y alegre. Cuando entra a un lugar, lo ilumina. Su sonrisa es puro gozo y su presencia es muy importante para la iglesia.

Nicholas ya cumplió sus veinte años, aunque intelectualmente es mucho más joven. Él vive con sus padres. Asiste a una institución para el cuidado de adultos durante el día, y tiene un trabajo voluntario en un criadero de caballos. Puede hablar y ama la vida con todas sus fuerzas. No tiene ninguno de los impedimentos físicos de salud que fueron parte del diagnóstico. A diferencia de la mayoría de las personas con duplicación invertida del cromosoma 8p, los cuales tienen una discapacidad mucho mayor que la de él, él no sufre convulsiones.

Nicholas tiene desafíos, sí, pero él ha superado todo pronóstico y tiene grandes habilidades.

Del otro lado de la lucha con Dios, Melanie pudo ver la obra que Él estaba haciendo. Fue la situación de su hijo la que trajo a su esposo de regreso a la iglesia, y Melanie misma fue transformada.

"¿No se cansan de orar siempre por lo mismo?", le dijo a un amigo cuando le pidió que orara por su esposa que tenía una enfermedad crónica. Era recién al principio, poco tiempo después de que le dieran el diagnóstico de Nicholas, y ella le contó cómo oraba todos los días por su sanidad, para que él fuera perfecto.

"¿Quién te dijo que él no era perfecto, Melanie?", le preguntó el amigo.

Ese fue el momento en el que ella cambió su oración de mendigo por la oración de gratitud, amor y valor a Dios. Ella pudo ser agradecida por su esposo, por sus dos hijos y por una hermosa vida. Una vez que ella pudo quitar la mirada constante del dolor, su pasión se encendió y comenzó a escribir acerca de su experiencia y a ministrar a otros padres con niños con discapacidad.

Hoy en día, las personas se le acercan y notan su gozo. "Se ven realmente muy felices", le dice la gente a ella y a su esposo. "Les va mejor a ustedes que a mí con mis hijos 'normales'".

La vida de Nicholas presenta a Dios de una manera única y no amenazante. Melanie y su esposo, de la misma forma, me inspiraron después de que tuve el ataque al corazón.

Si ellos pudieron superarlo, yo también puedo, fue lo que pensé.

Es 2 Corintios 1:3—4 en acción, donde vemos a nuestro Dios eternamente compasivo darnos consuelo para que podamos, de la misma manera, darles consuelo a otros. Él transforma nuestro dolor en algo increíblemente hermoso para aquellos que están sufriendo a nuestro alrededor.

Quizá te sobrecogió el desánimo y perdiste la fe, y tu cojera te dejó fuera de juego. Quizá estés, actualmente, andando por la vida con una cojera, y estás decepcionado por no poder avanzar. Quizá te estás comparando con otros y no puedes evitar sentirte muy imperfecto.

No sé cuál es tu situación, pero sí sé lo que es sentirse como una vasija rota que no se puede volver a usar. Tu cojera es el portal de entrada para que Dios te use para Su gloria, si lo dejas.

Porque, ¿quién te dijo que no eras perfecto para el plan que Él destinó, con cojera y todo?

Capítulo Seis

El muro

"Las buenas cercas hacen buenos vecinos", le dijo el hombre a su vecino cuando se encontraron en el límite divisorio de la propiedad para arreglar el muro de piedra que separaba sus propiedades. El arreglo del muro le daba la bienvenida a la primavera, y el día soleado con una brisa suave parecía ser ideal para trabajar afuera.

El vecino no estaba tan convencido. "¿Y por qué no dejamos que el muro se venga abajo?", preguntó, con sus ojos mirando la estructura de arriba abajo, notando algunos indicios de derrumbe en algunas piedras que ya sobresalían bajo la presión de la gravedad.

"Siempre hemos tenido un muro aquí", le respondió el hombre, poniéndose los guantes de trabajo. Llevaría solo unas cuantas horas volver a poner esas piedras en su lugar.

"¿Para qué sirve este muro?", preguntó el vecino, mientras veía al hombre mover las piedras con mucha dificultad. "¿Qué es lo que estamos tratando de mantener afuera?".

El hombre suspiró y, poniendo una piedra en el suelo, se enderezó para poder mirar al vecino directo a los ojos. "Esto es lo que hacemos. Construimos muros. Siempre hemos mantenido este muro aquí. Es lo que siempre hemos hecho".

Quizá no había nada que cercar o excluir con un muro, pero lo más importante en este caso era que el muro tenía que permanecer allí.

Esta es la historia de "Mending Walls" (Arreglando muros) de Robert Frost, un poema acerca de dos vecinos que arreglan con frecuencia un muro de piedras que divide sus propiedades. Uno de ellos insiste en que el muro permanezca, el otro no está tan seguro. Vale considerar lo que Frost está tratando de demostrar en relación con los muros que levantamos en nuestras vidas. ¿Por qué están allí? ¿Por qué los mantenemos? ¿Nos damos cuenta de lo que estamos haciendo?

"Tengo un bloqueo mental" ("me di contra un muro" en inglés) es una frase que escuchamos de muchos atletas o artistas —de cualquier persona tratando de lograr algo— cuando, de repente, han perdido el sentido de dirección y motivación. Están trabados en un lugar, pero al menos se dan cuenta de que están delante de ese muro o bloqueo.

Cuando en nuestra vida somos confrontados con la presencia de un muro, muchos de nosotros no nos damos cuenta de lo que está enfrente de nosotros. Sería muy bueno poder marchar a su alrededor y vencerlo con el sonido de trompetas y gritos, como hicieron Josué y los israelitas; pero, primero, tendríamos que ser conscientes de su existencia.

Entonces, el muro se queda.

Dejamos de movernos. Nuestros sueños se desvanecen. Acampamos allí y aceptamos que viviremos allí el resto de nuestras vidas, a la sombra de ese muro.

No sé cuál sea tu muro, no sé si sea la imposibilidad de ver más allá de ti mismo, o de tus propios temores, o de tu historia personal. Lo que sí sé es que no tienes que quedarte allí. Puedes pasar al otro lado del muro, al lugar en donde puedes volver a soñar. Pero, primero, tendrás que entender a lo que te estás enfrentando. Tienes que poder detectar el muro primero.

LOS TRAUMAS CREAN MUROS

Yo no me consideraría un tipo agresivamente ambicioso, no de la manera en que muchas personas lo pensarían. Siempre me han motivado los resultados. Me gusta ver crecimiento y progreso. Nunca fui de esas personas que están ensimismadas construyendo su propio reino. Nunca me vi a mí mismo en el asiento de conductor.

Después del ataque al corazón, yo era el tipo de "la lonchera" (un obrero), me ocupaba de llegar a mi sitio de trabajo, completar mis tareas, asegurarme de que estuvieran bien hechas, para luego

Cuando en nuestra vida somos confrontados con la presencia de un muro, muchos de nosotros no nos damos cuenta de lo que está enfrente de nosotros.

volver a casa. Debido a que vivía en modo de supervivencia, el solo hecho de estar allí y estar presente me ponía contento. Yo no estaba enfocado en lo que me faltaba, sino en lo que estaba sintiendo.

"¿De qué me estoy perdiendo?" fue reemplazado por "¿Cómo haré para sobrevivir el día de hoy?".

Mi doctor me había dicho que cualquier dolor que sintiera de la cintura para arriba me iba a causar temor y ansiedad, y tenía razón. Unos gases o una indigestión me hacían pensar en que quizá me estaba llegando la hora. Cuando te pasa algo traumático, levantas un muro. Es un muro de defensa que, al principio, es razonable porque ayuda a protegerte; pero, eventualmente, ese muro se arraiga en el temor y es muy difícil de superar.

Lo que hacía era vivir minuto a minuto, literalmente cancelando cualquier plan o dejando pensamientos para el día siguiente, enfocado solo en sobrevivir cada día. Sobrevivía la semana solo para poder llegar al domingo. Cuando llegaba el domingo, todo estaba bien, y volvía a hacer lo mismo la semana siguiente.

La vida era, en ese entonces, un ciclo de veinticuatro horas que tenía que pasar para llegar al domingo, porque el domingo representaba un tipo de sistema de apoyo lleno de gente que me amaba y se preocupaba por cómo me estaba sintiendo. Durante los primeros días, eso tuvo su lado positivo. El domingo se convirtió en un tipo de examen para determinar cómo había pasado la semana, cómo me había sentido, lo que había logrado, y cuáles de los cambios de hábito y estilo de vida ya se estaban afianzando.

Esa es la razón por la que dije, hace un momento, que casi no podía predicarle a la gente, porque me estaba predicando aún más a mí mismo. Es como si alguien hubiese presionado el botón de pausa en la película de mi vida y detenido todo tipo de avance. El crecimiento de la iglesia no determinaba mi éxito. El movimiento hacia adelante no determinaba mi éxito. Construir con mis sueños en mente no determinaba mi éxito. Lo único que determinaba mi éxito era poder sobrevivir cada día.

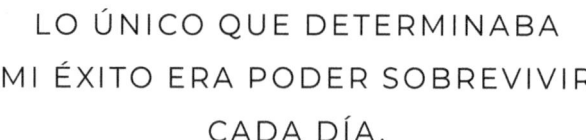

LO ÚNICO QUE DETERMINABA
MI ÉXITO ERA PODER SOBREVIVIR
CADA DÍA.

Inicialmente, determinar mi éxito de esa manera estuvo bien. Tenía que reducir el estrés y sanar del ataque al corazón. Está bien vivir en modo de supervivencia al comienzo, pero no puede ser así por siempre. Sin embargo, el trauma levanta un muro delante de ti que te hace olvidar eso fácilmente. Si nunca vuelves a presionar el botón de reproducir, la película sigue en pausa para siempre.

CUANDO CONDUNDES LOS PATRONES DE ESPERA CON EL PROGRESO

Es invierno, y tú eres uno de los escogidos muertos de frío de bien al norte, anhelando las playas soleadas y calientes de Florida y esas tan ansiadas vacaciones que has estado planeando por meses.

Después de tres horas de vuelo, estás ansioso por llegar a tu destino. Ya con todo lo que necesitas para una semana en la playa, te encuentras sentado en ese diminuto asiento de avión con las piernas apretujadas y las rodillas dándole al asiento que está frente al tuyo. Mientras tu compañero de asiento te vuelve a dar otro codazo, te das cuenta de que te irías a caminar por cualquier lado solo por estirar las piernas, con o sin playa. Darías lo que sea por bajarte de ese avión.

Puedes sentir cómo el avión va descendiendo, y la señal del cinturón de seguridad se enciende con el clásico "ring". La pantalla que tienes enfrente te muestra una imagen de un avión gigante sobrevolando tu lugar de destino y sabes que, en cuestión de minutos, tus vacaciones estarán comenzando.

"Señores pasajeros, el clima cerca del aeropuerto ha causado algo de congestión en el aire", anuncia la voz del piloto por el intercomunicador. "Vamos a estar sobrevolando en patrón de espera por alrededor de veinte o treinta minutos hasta que sea nuestro turno de aterrizar. Gracias por su paciencia".

El sonido de la queja colectiva de los pasajeros se hace escuchar.

Te sorprendes porque has estado tanto tiempo en el avión camino a tu destino que no te diste cuenta de que el movimiento cambió de dirección. Si el piloto no lo hubiese anunciado, no te hubieses dado cuenta del cambio hasta después de que haya pasado un tiempo largo. Pero, aun en ese patrón de espera, el avión todavía sigue moviéndose. El destino está a la vista. Esto tiene que ser progreso, ¿verdad?

En realidad, no lo es. Nunca confundas un patrón de espera con el progreso.

Después del ataque al corazón, aunque todavía seguía en modo de supervivencia, yo creía que estaba manejando mi vida bastante bien. Comenzamos a viajar un poco. Comenzamos a ir al apartamento de Stuart y a socializar con amigos y familia como lo hacíamos antes. Los niños estaban bien. Yo ya había vuelto a predicar en la iglesia. Estábamos ocupados. A mi vida no parecía faltarle nada, ya que estábamos siempre haciendo cosas. Una vida ocupada es una vida de progreso, ¿verdad?

No me di cuenta de que estaba en un patrón de espera. Todas las actividades de la vida diaria me tenían distraído de la realidad de que, en verdad, no estaba yendo a ningún lado. Como una pelota de goma, todavía estaba rebotando con el muro que tenía enfrente de mí. Hay bastante espacio para moverse detrás del muro; y demasiadas personas solo podrán llegar hasta allí. Una vida cómoda y ocupada después de un evento traumático parece ser una victoria, ¿o no?

Dios había asignado un llamado a mi vida y, a pesar de que el ataque al corazón y todo lo que eso conllevó parecían haber interrumpido todo significativamente, el llamado seguía allí. Incluso abrazar el modo de supervivencia parecía estar neutralizando mi llamado. Levantarse a responder al llamado de Dios en tu vida exige avanzar. Exige que superemos los muros y que miremos hacia el futuro.

NUNCA CONFUNDAS UN PATRÓN DE ESPERA CON EL PROGRESO.

Volver a pensar en ese tiempo me atemoriza un poco porque puedo ver cuán fácil hubiese sido pensar que estaba llegando lejos cuando en realidad no lo estaba. Podría haberme quedado donde estaba y allí seguiría hoy en día. Tienes que poder ver el muro para poder vencerlo y, por un largo tiempo, yo no lo hice. Permití que limitara mi manera de pensar.

Antes del ataque al corazón, yo veía mi vida a través de una ventana. Por medio de ella, podía ver a la distancia, evaluando todo lo que estaba delante de mí y asociándome con Dios para buscar las maneras de mejorar o cambiar lo que estaba por delante. La intención de esto era construir el Cuerpo de Cristo.

Después del ataque al corazón, yo veía a la vida desde un espejo. Ya no existía más la ventana, no tenía más la vista hacia afuera. Todo lo que podía ver era a mí mismo y mi vida y mis miedos y lo que me sentía cómodo haciendo.

El enfoque en uno mismo puede ser un monstruo extraño. Tu visión se vuelve miope en lugar de hipermétrope; los planes para el futuro se salen completamente de tu radar. El enfoque en ti mismo te puede cohibir hasta el punto dejarte atrapado en la opinión de otros sobre ti y lo que estás haciendo. Eso hace que te adaptes más fácilmente a lo que la gente cree que es un comportamiento normal o aceptable en lugar de arriesgarte a algo nuevo.[9]

"Mi doctor me dijo que evitara el estrés, así que eso es lo que estoy haciendo", les decía a las personas cuando me preguntaban cómo estaba. Y, a pesar de que eso era cierto al comienzo, ¿cuánto tiempo más iba a usar ese razonamiento a la hora de hacer crecer la iglesia? Inevitablemente, la gente asentía y coincidía, y parecía que quedarme en ese patrón de esperar era la decisión más sabia.

El enfoque en ti mismo te lleva a meditar una y otra, y otra vez en ti y en tu pasado. Te hunde tan profundamente en tu propio

---

9   "Can you be too Self-Aware?". *Psychology Today*, Sussex Publishers, https://www.psychologyto-day.com/us/blog/the-clarity/201909/can-you-be-too-self-aware.

Todo lo que podía ver era a mí mismo y mi vida y mis miedos y lo que me sentía cómodo haciendo.

pozo que la más mínima sugerencia de mirar hacia afuera en lugar de hacia adentro te resulta increíblemente chocante.

Cuando un muro aparece justo delante de una ventana, lo notas. Cuando se levanta frente a un espejo, no lo ves.

Usualmente, esto tiene que ver con los tiempos. El modo de supervivencia te ayudará a salirte del barco que se está hundiendo. Un patrón de espera es aceptable si no hay un lugar donde aterrizar ahora y estás esperando que mejore el clima.

Pero, eventualmente, la adrenalina se extingue y te quedas sin gasolina en el tanque y estás obligado a enfrentar ese muro.

RECUPERA LO QUE TE ROBARON

Conocemos a muchas personas que se han quedado detrás del muro por demasiado tiempo después de experimentar un trauma. Y quizá, si yo hubiese sido más ambicioso antes del ataque al corazón, me hubiese deprimido mucho más durante este tiempo, frustrado por no haber construido mi gran imperio. De hecho, como sentía que mis prioridades estaban en orden antes del ataque al corazón, que no era extremadamente exigente con la gente y la iglesia, y que no estaba obsesionado con el poder, sentí que el ataque al corazón fue un castigo.

"Dios, ¿acaso fui abusivo con la gente? ¿Descuidé algún aspecto de Tu iglesia? ¿Descuidé mi tiempo contigo?". Esa era mi oración.

El muro es un simbolismo de lo que se ha levantado en tu camino que tiene que ser derribado, incluida la percepción de que todo se trata de ti y de que estás siendo castigado porque sucedió algo malo.

Un amigo mío había fracasado en su matrimonio. Su muro era el perdón, llegar a ese lugar donde finalmente pudiese decir que podía perdonar a su esposa. Él estaba tan mal herido que no podía llegar allí. Él no se daba cuenta de que la traición de su esposa había causado una grieta en su relación con Dios porque todo aquello en lo que él pensaba incluía un "yo".

"Yo estoy dolido".

"Yo fui traicionado".

"Yo fui humillado".

"Yo no me merecía esto".

"Yo fui herido".

Una de las maneras en que puedes darte cuenta de que estás frente a un muro es cuando tu pensamiento está lleno de "yo" y "mi". Yo podía ver eso en mi amigo.

"No hay nada malo en procesar este tipo de cosas al comienzo", le dije. "Pero te prometo que, un día, si puedes superarlo, verás cómo estarás pensando desde el punto de vista de 'nosotros' de nuevo".

Yo sabía que era importante que lo entendiera, o haría alguna tontería.

"No tomes la decisión de irte o divorciarte ahora", le dije. "No le cuentes a todo el mundo las cosas que me estás diciendo en privado. No alimentes el enojo en otros para justificar lo que estás sintiendo. Procésalo, pero sigue luchando".

Comenzarás a ver el futuro, y el muro frente a él, cuando empieces a quitar la mirada de ti mismo. El enemigo quiere que sigas enfocado en ti, pero eso es peligroso porque, cuando lo logra, te está robando.

Una noche, durante una temporada en la que Gaby estaba teniendo algunos problemas de salud, ella se levantó alrededor de las 4 de la mañana mientras el resto de nosotros dormía. Miró por una de las ventanas de la casa y vio una luz encendida dentro de uno de los carros al frente de la casa. Al principio, pensó que era el reflejo de la luna, pero luego se fijó mejor y se dio cuenta de que era un hombre, con una gorra y una linterna en la mano, robando nuestros carros.

"¡Ey, sal de nuestro carro!", le gritó, golpeando en la ventana y haciendo todo tipo de ruidos. Inmediatamente, me desperté y salí corriendo descalzo hacia la puerta. Di un salto hacia el otro lado de la acera, yendo a toda velocidad hacia el carro. El hombre se vio claramente sorprendido, pero se las arregló para salir y escapar. Llamamos a la Policía, pero no pudieron encontrarlo.

Todos nos sentimos violentados. Estábamos como atontados, y el pánico y la adrenalina nos habían robado el sueño. Habíamos visto al tipo que se había metido en nuestros vehículos, y él todavía andaba por ahí suelto. Yo pude sentir a mi familia nerviosa y molesta.

"Chicos, no nos vamos a ir a dormir hasta que podamos reírnos de todo esto", anuncié. "Sé que esto nos dio miedo, pero necesitamos confrontarlo ahora mismo. No nos vamos a ir a la cama hasta que recuperemos nuestra paz".

Chris tomó la palabra, vacilante al principio, y nos contó cómo había saltado de la cama listo para salvar a su familia, hasta que sus calcetines lo traicionaron y terminó rodando por el piso. Hubo algunas risitas.

"Guau, bien hecho, Chris". Comenzó a haber un mejor ánimo.

Hicimos algunos chistes acerca de Gaby y las "palabras especiales" que usó cuando le gritó al ladrón. Ella destacó mi hazaña impresionante de *parkour*.

"Te vi saltar hasta el otro lado de la entrada de carros. ¿Qué ibas a hacer si lo atrapabas?".

Ya estábamos todos riéndonos.

Ese ladrón estaba tratando de quitarnos cosas de nuestros carros; pero, más allá de nuestras posesiones, él nos había robado la paz. Y teníamos que recuperarla.

Cuando ocurre un ataque al corazón, cuando un cónyuge engaña al otro, cuando un ladrón viene a robar, hay una decisión que tienes que tomar. El muro se cae cuando decides estar del otro lado y recuperar lo que te fue robado.

Una tarde, Mary y yo estábamos sentados juntos en la iglesia. No hubo ningún relámpago ni temblor, era solo yo abrazando a Mary, los dos cómodos y charlando. Me llamo la atención una pared. Miré a mi alrededor y una idea comenzó a surgir. "Este edificio es muy pequeño" le dije. "Tenemos que derribar esa pared".

Ese fue el momento en que comencé a mirar de nuevo por la ventana en lugar del espejo. Aparentemente, ya no quería vivir más en modo de supervivencia, sino que quería ver crecer a la iglesia. Aunque mi familia y amigos quisieran progresar, yo era el que tenía el dedo en el botón de pausa. Y ahora estaba presionando el botón de reproducir.

Es la persona que sufrió la tragedia, el contratiempo o el trauma la que controla lo que sucederá con el muro. No importa cuánto todos aquellos que te aman quieran que tú avances, ellos no pueden derribar el muro por ti.

En algún momento, tienes que darte permiso para volver a la normalidad y tienes que dejarle saber al enemigo que ya no podrá robarte nada más de lo que te arrebató. Tienes que darte permiso para vencer la vergüenza de tu pasado y el temor y la preocupación por el mañana. Necesitas rendirte al proceso de sanidad, porque te va a empujar contra el muro y hará que lo veas tal cual es.

El muro cae cuando decides estar del otro lado y recuperar lo que te fue robado.

¿Sigues teniendo un muro que no debería estar allí? ¿Estás en un patrón de espera, confundiéndolo con movimiento? Si tu respuesta es sí, ese muro te ha impedido, por demasiado tiempo, que puedas ver cuánto más grande y mejor puede ser tu vida. Ha distorsionado tu perspectiva y te ha impedido ver cuánto más radiante puede ser tu vida del otro lado.

El tiempo de dejarlo atrás es ahora. Es tiempo de volver a despertar al soñador que hay en ti.

Capítulo Siete

Reviviendo al soñador

El soñador que hay en ti necesita recibir un puñetazo en la cara. Por favor, no te me distraigas.

Después de tomar la decisión de demoler una de las paredes de la iglesia para agrandar el espacio, calculamos necesitábamos alrededor de un millón y medio de dólares para hacerlo. Apenas compramos ese edificio, varios años antes de mi ataque al corazón, habíamos intentado hacer algunas remodelaciones necesarias que costaban la mitad de esa suma, pero juntar esos fondos fue bastante difícil y parecía que no estábamos pudiendo lograr cambios significativos.

Diez años más tarde, después de mi ataque al corazón, nos encontrábamos en el mismo lugar, necesitando otra remodelación; pero, esta vez, con un costo mucho mayor. Los recuerdos de la lucha que fue recaudar los fondos la primera vez me llenaron de temor.

Me acuerdo la primera vez que dimos el paso de fe durante un servicio de alabanza y adoración. Hice el anuncio acerca del dinero que necesitábamos para tirar abajo la pared. Al bajarme de la plataforma para ir hacia la parte de atrás del templo, la gente comenzó a correr hacia el frente para poner sus pactos de ofrenda en la plataforma. Quedé sorprendido.

"Esta vez va a ser fácil", parecía decirme Dios. "Esta vez no serás tú desde el púlpito jalándolos para que lleguen a la meta, sino que solo estarás detrás de ellos para darles ánimo".

En ese momento, literalmente, estaba viendo lo que Dios me estaba diciendo que iba a suceder *mientras* sucedía. Yo estaba detrás de la gente mientras ellos salían a raudales hacia la plataforma y creo que nada los hubiese podido parar. Él tenía razón. Fue el emprendimiento más fácil que hicimos a nivel económico. No hubo críticas ni resistencia. El dinero se recaudó bastante rápido.

"ESTA VEZ VA A SER FÁCIL", PARECÍA DECIRME DIOS.

La primera vez que habíamos intentado recaudar dinero, antes del ataque al corazón, casi me mata. No podíamos quitar la pared física en la iglesia porque había algún tipo de pared espiritual que estaba refrenando a las personas. Esta vez era distinto.

El amor que tenían por la iglesia y por la necesidad que había por mí y mi familia era casi tangible.

El éxito y la experiencia positiva con ese proyecto ayudaron al crecimiento de la iglesia y, de alguna manera, abrieron puertas hacia nuestras próximas asignaciones. El proyecto siguiente involucró una remodelación mucho más importante: moveríamos la plataforma de lugar para maximizar el espacio. Queríamos también agregar más salones para enseñar, otro espacio para una tienda y un estudio de grabación para el equipo de alabanza. La iglesia estaba creciendo rápidamente, y sabíamos que teníamos que utilizar mejor los espacios para adaptarnos al crecimiento.

Cuando comencé a revisar los costos con algunos de los hombres de la iglesia que estaban ayudando con la construcción, uno de ellos preguntó por qué iba a costar tanto. Le expliqué que el estudio de grabación más las luces y otros gastos indirectos, todo sumaba. En ese mismo momento uno de mis amigos del grupo tomo la palabra.

"Un momento", dijo. "¿Estás haciendo esto por tu esposa? ¿Por tu ego?".

Hay varias formas en las que puedes darte cuenta de que ya no estás viviendo en un patrón de espera, cuando ya superaste la etapa de solo querer sobrevivir, cuando te sientes vivo en tu interior y tienes un sueño grande a punto de explotar. Yo sabía que había dejado atrás el muro por completo y estaba mirando hacia el futuro porque, en ese momento, algo se revolvió en mí.

Resulta que fue mi puño.

Le metí un puñetazo a mi amigo, directamente en la cara.

"Ni se te ocurra volver a acusarme de ególatra y de hacer cosas que no sean para el Reino", le dije, mientras me sacudía la mano y él se masajeaba la mejilla tratando de recobrar el equilibrio.

Él y yo éramos buenos amigos (todavía lo somos), casi hermanos diría, pero ese fue todo un momento. Puede que yo no haya sido un tipo ambicioso, pero sí era un tipo hostil en algunas situaciones. Por algo me gustaba Ray "Boom Boom" Mancini. Y, a pesar de que mi hostilidad se ha aplacado desde entonces, pasé de operar en modo de supervivencia basado en miedo por tres años a pelear por el futuro teniendo que darle un puñetazo en la cara a mi amigo.

No te recomiendo que golpees a un amigo. Pero sí te recomiendo que reavives a ese soñador que llevas dentro y alimentes esa lucha que hay en ti por el futuro.

SALIENDO ADELANTE A PESAR DE LAS MALAS COSECHAS

¿Recuerdas cuando te mencioné acerca de sembrar y segar una mala cosecha? Esto determina si cruzas al otro lado del muro o te quedas estancado.

Primero, recuerda que hay dos tipos de cosecha: aquella para la que sembraste y aquella para la que no lo hiciste. Algunas veces, suceden cosas malas, como ser despedido del trabajo o perder tu casa en un incendio, aunque nunca hayas sembrado para eso.

Cuando compras un producto por internet y te llega el equivocado, lo devuelves. De la misma manera, cuando recibes una cosecha para la cual no sembraste, la envías de regreso. Te niegas a recibirla. No la dejas entrar y no le permites que se convierta en tu identidad, sino que caminas hacia una cosecha mejor. Aunque hayas cometido errores en el camino, todavía tienes el poder de elegir en qué dirección vas a caminar.

Nuestro corazón estuvo siempre inclinado a ayudar a mujeres jóvenes embarazadas que no tenían un sistema de apoyo ni opciones de ayuda. Varios años antes de sufrir mi ataque al corazón, decidimos dar un paso gigante y apoyar a un ministerio para ayudar a esas mujeres. Compramos una hermosa casa en un terreno rural precioso en los Redlands. Huertos de mangos, praderas verdes... Era, literalmente, un lugar de paz e invertimos grandes sumas de dinero para que pudiera funcionar. Contratamos personal, establecimos normas y nos preparamos para recibir mujeres jóvenes necesitadas de ayuda. Teníamos una camioneta para transportar a los niños y localizamos una guardería para los bebés, mientras las niñas iban a la escuela. Intentamos conectarnos con empresas que patrocinaran lo que estábamos haciendo, pero no pudimos conseguir fondos privados. Los fondos públicos estaban dirigidos a la educación, no a programas como este. La presión económica creció rápidamente.

El ministerio nunca se manifestó. Las finanzas nunca se nivelaron y terminamos solicitando una línea de crédito sobre la propiedad. En un momento, tuvimos tres jóvenes en el programa, pero tenían problemas que no habíamos anticipado. Después de dos años de intentar, decidimos esperar un año más antes de levantar campamento.

La tercera no fue la vencida en el tercer año. Terminamos vendiendo el edificio y metiéndonos en una deuda de alrededor de cien mil dólares. Yo sentí que el fracaso de no poder establecer y hacer funcionar ese ministerio había sido mi culpa. Y, a pesar de que mantuvimos nuestro compromiso de pagar la deuda y que nuestra relación y reputación con la comunidad no se vieron manchadas, considero ese error uno de los más grandes de mi liderazgo. Fue una mala cosecha.

Yo pensé que ese era el sueño.

Yo pensé que eso era lo que debía hacer una persona en mi posición.

Yo pensé que debíamos invertir más dinero propio para darle una oportunidad real al proyecto.

De todos modos, obtuvimos una cosecha mala.

Qué extraño cómo un sueño —y su caída vergonzosa y ruidosa— puede crear un muro que te impide volver a soñar. Las cosechas malas y los muros tienen el mismo problema: ¿cómo haces para seguir adelante?

Podríamos habernos quedado allí, desperdiciando más dinero en ese fracaso, renegociando nuestras deudas o echándole la culpa a otros. Pero, la única forma en que puedes salir de una mala cosecha, la única manera de pasar al otro lado del muro, es sembrando una semilla nueva y mejor.

En 2 Samuel 12, vemos al rey David sembrar y segar una mala cosecha en tiempo récord. Desea a la esposa de otro hombre (Betsabé), la deja embarazada, intenta ocultarlo y termina haciendo matar al esposo de ella en una batalla. El hijo de David y Betsabé muere al poco tiempo de nacer. Esa fue su cosecha.

Esta es una historia casi de no creer, particularmente porque el rey David era un hombre conforme al corazón de Dios. ¿Cómo puede ser que él, justamente él, plantara esas semillas? ¿Y cómo haces tú para cruzar ese muro de vergüenza y culpa y dolor que ahora está enfrente de ti?

En David, vemos cómo uno debe responder, ya que lo primero que él hace es ir a Dios y arrepentirse. Tú no puedes arrepentirte de una cosecha para la cual no sembraste, pero David, definitivamente, sembró maldad. Parte de ese arrepentimiento es reconocer lo que causó la mala cosecha. A Dios se lo conoce como el Señor de la Cosecha, lo cual quiere decir que Él sigue en control. Yo debo cambiar la semilla que estoy plantando. No puedo culpar a Dios de una mala cosecha que surgió de una semilla que yo planté.

Las cosechas malas y los muros tienen el mismo problema: ¿cómo haces para seguir adelante?

Luego de eso, tienes que resistir la mala cosecha. No puedes acortar su duración; tendrá que pasar el tiempo, y la temporada tendrá que llegar a su fin. ¿Qué pasa cuando la cosecha se termina? Mientras te asegures de que estás plantando buenas semillas, será mucho mejor.

Buena semilla, como pedir perdón a alguien que hemos lastimado, hacer cambios para tener una vida más saludable, devolver algo que hemos robado, seguir principios rectos. Hageo 2:9 nos habla de que, del otro lado de esa cosecha mala, del otro lado del muro, la cosecha puede ser mucho mejor que la primera. Por eso es que, mientras que resistimos esa cosecha mala, sigue habiendo lugar para tener esperanza y gozo.

Dios nos creó para pensar eternamente, por eso es que al enemigo le encanta verte estancado detrás de un muro, mirándote al espejo. Él quiere que sigas manteniendo esa cosecha mala a la vista, siempre acechando por detrás. Él quiere que olvides que siempre hay una temporada nueva por llegar, la esperanza de una cosecha nueva y mejor.

TU CORAZÓN VOLVERÁ A LATIR

Era el verano de 1997. Yo tenía treinta y siete años, y recién había renunciado a Grace Church para comenzar la obra con Metro Life Church. Le había prometido a mi papá que iba a asistir a un evento de Promise Keepers con los hombres de Grace Church. Sin embargo, después de eso, mi labor allí ya terminaba oficialmente. Era el final de una temporada muy difícil de nuestra vida, en la que el conflicto y el drama eran constantes cada domingo; y ya estaba agotado de todo eso.

La mañana del evento, Mary se me acercó. "Steve, me siento mal".

"Puedo quedarme en casa contigo", le dije. Me apenaba verla sentirse descompuesta. De todos modos, prefería estar con ella que en un evento.

"No tranquilo, ve a hacer lo que tienes que hacer", me respondió, queriendo que yo cumpliera con mi compromiso.

Durante el evento de Promise Keepers, yo no lograba dejar de pensar en ella, así que, durante un intervalo, fui a la parte de abajo del estadio y busqué un teléfono público.

"Mary, ¿estás bien?", le pregunté apenas me atendió el teléfono.

"Steve, ¡estoy embarazada!", me contestó Mary.

Nuestros dos primeros hijos habían nacido después de un proceso de infertilidad; tuvimos que ver especialista tras especialista para concebir. Las luchas de mi familia eran un reflejo de lo que estaba sucediendo en la iglesia, con nuestro sueño de dar comienzo a una nueva obra rodeado de adversidad.

Estaba extremadamente feliz con la noticia de Mary y puedo decirte que no recuerdo mucho más acerca de ese día, solo esas palabras que escuché. Lauren fue la primera hija en nuestra familia que vino sin la prueba. De alguna manera, ella representaba una nueva temporada en nuestras vidas. Nunca lo hubiésemos podido ver venir, pero quizá deberíamos haberlo hecho.

Temprano una mañana durante un viaje de caza hace unos cuantos años atrás, mientras Mary y yo mirábamos salir el sol, ella me contó acerca de "el coro del alba". Cerca del amanecer, los pájaros suelen cantar más fuerte y vigorosamente que a otras horas del día. Es como si estuvieran respondiendo, instintivamente, a la salida del sol, dándole la bienvenida al nuevo día con entusiasmo y expectativa. ¿Sabes quién aprecia, más que nadie, un amanecer? Una persona que tuvo una noche muy mala.

EN TU HORA MÁS OSCURA ES DIFÍCIL CREER QUE LA LUZ PUEDE VOLVER A BRILLAR.

El día después de mi ataque al corazón, estaba ansioso porque el sol saliera. Había tenido la peor noche de mi vida y necesitaba ver esos rayos de luz cálidos entrando por las ventanas del hospital. Cuando las cosas se ven oscuras, no estás seguro de que hay un futuro para ti, estás en ese patrón de espera pensando solo en sobrevivir, dándole lugar a todo los "qué pasaría si...". Y entonces, sale el sol.

En tu hora más oscura, es difícil creer que la luz puede volver a brillar. Cuando la cosecha es tan mala, es difícil creer que llegará una nueva temporada para ti. Cuando estás allí parado frente al muro, es difícil creer que podrás salir adelante otra vez. Cuando tu corazón ha sido dañado, es difícil creer que, alguna vez, volverá a funcionar igual.

Los artistas de música cristiana contemporánea Phillips, Craig and Dean escribieron "Tell your heart to beat again" (Dile a tu corazón que vuelva a latir), una canción basada en una historia real increíble. Según lo que ellos cuentan, un cirujano terminó una cirugía a corazón abierto en una mujer, y todo salió bien. Él comenzó a darle masajes al corazón para que volviera a bombear por sí solo, pero no lo logró. El cirujano lo volvió a intentar. El corazón no se movió. Los miembros del equipo médico tomaron algunas medidas extremas más para que el corazón bombeara, pero nada funcionó. Por último, el cirujano se arrodilló junto a la mesa de operaciones, se quitó la mascarilla quirúrgica y susurró unas palabras al oído a la paciente inconsciente.

"La cirugía salió perfecta", le dijo él. "Tu corazón está bien. Dile a tu corazón que vuelva a latir".

Fue en ese momento que el corazón se movió y comenzó a bombear.

El corazón es capaz, pero tú tienes que creer. Dios está trabajando en tu corazón y está tratando de decirte que tu corazón puede volver a latir. Muchas cosas difíciles suceden en la vida, de algunas somos responsables, de otras no. El mundo está lleno de gente atascada en esas situaciones, personas que no están sembrando algo mejor o que han decidido levantar un refugio junto al muro y quedarse allí sin moverse. Piensan en términos de supervivencia en lugar de un reavivamiento completo. Dedican tanto tiempo a la preocupación y al temor que no tienen tiempo para soñar con el futuro.

Pero tú no.

Tú puedes volver a vivir.

Tú puedes tener vida y tenerla en *abundancia*.

Si tú lo puedes creer, entonces, estás listo para terminar bien tu vida.

Capítulo Ocho

Un buen final

Don Shula es una verdadera leyenda.

Primero, como defensor y, luego, como entrenador en la Liga Nacional de Fútbol Americano (NFL), Shula pasó la mayor parte de su carrera entrenando al equipo de mi ciudad, los Miami Dolphins. Nos dio a los floridanos la mejor temporada en la historia del fútbol americano: quedamos invictos, habiendo obtenido la victoria en el Super Bowl de 1972 y habiendo desafiado todos los pronósticos cuando el mariscal de campo estrella, Bob Griese, se lesionó luego de tan solo cinco partidos y tuvo que ser reemplazado por el jugador de treinta y ocho años Earl Morrall.

A mamá le encantaba el fútbol americano, y nuestra familia entera iba a todos los partidos que jugábamos de locales. La iglesia comenzaba a las 11 de la mañana todos los domingos y papá terminaba de predicar en el servicio justo a tiempo para agarrar la carretera, pasar por algo para comer en Burger King y entrar al estadio justo para ver a Garo Yepremian dar la patada inicial para comenzar el partido. Los Miami Dolphins y Shula son los dueños de muchos recuerdos de mi niñez.

Shula fue entrenador por treinta y tres años, y es el entrenador con más victorias en la historia de la NFL.

Pero no solo las victorias lo han convertido en leyenda. Ha liderado equipos campeones y ha tenido innumerables oportunidades ante él, con todo el derecho de aferrarse la fama y la celebridad (con todas sus ventajas). Sin embargo, decidió quedarse para aportar a su comunidad, y le dio valor a la familia y a los valores en lugar de deleitarse en la fama y las riquezas.

Tuve la fortuna de conocer a Don Shula hace algunos años. Estaba con mi familia cenando en el club de un barrio residencial cuando escuchamos un alboroto generalizado de las personas que estaban allí. Comenzamos a mirar a todos lados para ver quién había llegado, y fue allí cuando lo vimos. No tenía una figura físicamente imponente, pero proyectaba grandeza debido a su carrera y a lo que había logrado. Me arriesgué a acercarme y presentarme diciéndole lo mucho que admiraba su carrera y su vida. ¿Y sabes lo que hizo Shula? Me devolvió el apretón de manos con firmeza y una amplia sonrisa, sin comportarse, en ningún momento, como si estuviera por encima de mí o como si no tuviera tiempo para mí, y mi respeto hacia él creció aún más.

En los últimos años de su carrera, Shula no ganó tantos partidos como alguna vez lo había hecho; pero, seguía determinado a tener un buen final. Su carrera fue un éxito debido a mucho más que las victorias que acumuló. Él fue respetado por su equipo, su familia y por casi toda persona que alguna vez lo conoció. Su carrera y su vida por fuera del fútbol estuvieron libres de todo escándalo y mancha negra.

Don Shula tuvo un buen final.

Vivimos en un mundo que vive enfocado en la puerta de salida y en quien tiene la ventaja o se quedó detrás. Cuando nos consume la necesidad por una velocidad llamativa, nos predisponemos al fracaso. No podemos tener un buen final si ni siquiera podemos terminar la carrera.

"He peleado la buena batalla", escribió Pablo en 2 Timoteo 4:7.

Pero él tenía algo más que decir. "He *terminado* la carrera, me he mantenido en la fe".

Pablo comenzó siendo un ciudadano romano poderoso y un perseguidor de cristianos. Terminó sus días preso y, al final, siendo ejecutado. Pero siempre mantuvo su vista en tener un buen final, y eso es lo que nosotros tenemos que hacer también. Podemos quedar atrapados por lo que pasó en la puerta de salida o lo que está pasando durante la carrera y desanimarnos cuando los inconvenientes en el camino hacen que nos quedemos atrás. Pero nada de eso importa mientras recuerdes que se trata de pelear la buena batalla y de mantener la fe.

Todo está en cómo terminas.

NO PODEMOS TENER UN BUEN FINAL SI NI SIQUIERA PODEMOS TERMINAR LA CARRERA.

OLVIDA LA PUERTA DE SALIDA

Algunos se preguntaban si acaso sería posible. Ningún caballo había ganado la Corona Triple (Triple Crown) desde que Citation lo logró en 1948. Ganar las tres carreras requeridas —el Kentucky Derby, la Preakness Stakes y la Belmont Stakes— no era hazaña fácil. Eran carreras extenuantes que sucedían en un periodo corto de tiempo y exigían tener un caballo espectacular.

Y llegó 1973 y, junto con él, Secretariat.

Secretariat acababa de salir tercero en Wood Memorial, superado solo por Sham, el favorito del Derby, y otro caballo más. Había algo de incertidumbre en cuanto a cómo le iría a Secretariat en la siguiente carrera, el Kentucky Derby. Sham era un caballo veloz y, cuando la campana de largado sonó en el Kentucky Derby, salió de la puerta de salida rápidamente y se mantuvo al frente del grupo. Por otro lado, Secretariat pareció salir de la puerta con reacción tardía en comparación, manteniéndose detrás y asegurándose de que su jinete, Ron Turcotte, mordiera el polvo la mayor parte de la carrera.

Pero, luego, cuando los otros caballos sintieron cómo la pista les iba comiendo la energía, Secretariat apareció desde atrás acortando la distancia con paso fuerte. En lugar de adelantarse por adentro pegándose a la baranda donde la distancia es más corta, arremetió por el lado de afuera y cruzó la meta a unos cuantos cuerpos de ventaja sobre Sham. Lo mismo sucedió en Preakness Stakes. Resultó ser que, con el tiempo suficiente en la pista, Secretariat demostró que podía tener un buen final.

La última carrera, Belmont Stakes, fue la más larga de las tres. A estas alturas, la carrera captó la atención de una nación entera que había estado esperando por un campeón Triple Crown por casi treinta años. Todos tenían una opinión en cuanto a lo que sucedería, el caballo que ganaría y cómo debería hacerlo.

Cuando sonó la campana de largada y las compuertas se abrieron de par en par, ambos caballos salieron disparados hacia la delantera corriendo cuerpo a cuerpo. El veloz Sham, acostumbrado a estar en la delantera, rápidamente fijó un paso extenuante, y ambos caballos se alejaron del resto del grupo. Pero, esta vez, Secretariat se quedó con él. En alguna parte de la recta de fondo (*backstretch*), un Sham ya exhausto se quedó atrás mientras que Secretariat *ganó* velocidad cuando se acercaba a la meta, finalmente ganando la carrera por treinta y un cuerpos, y estableciendo récords que, hasta la fecha, no se han podido romper.

Esa sí que es una gran historia de triunfo; pero, es también la historia de un gran esfuerzo, uno en el que sientes que estás perdiendo, aprendes de él y sigues corriendo. Todos amamos esas historias de lo improbable, de alguien que surge desde abajo para obtener el triunfo, o esa persona que toma a todos por sorpresa y logra esa victoria inimaginable. Esas historias nos fascinan, menos cuando nos suceden a nosotros. Ser esa persona con pocas probabilidades de ganar que se encuentra última en el grupo es muy desalentador cuando lo estás viviendo. Ese tipo de carrera se siente como un fracaso casi todo el tramo, a la sombra de los favoritos, mordiendo el polvo de la derrota. Rendirse parece ser la decisión más inteligente.

Pero la meta sigue llamándote.

Lo que sucede cuando suena la campana de largada y durante la carrera es menos importante que lo que sucede en la meta. Todo lo que hemos hecho a lo largo de la carrera de nuestra vida va a quedar expuesto allí. ¿Culparás a otros por tus derrotas? ¿Harás trampa para progresar? ¿Te desgastarás tratando de quedarte en la delantera desde la salida? ¿Seguirás firme hasta llegar a la meta? ¿Verás la victoria en el hecho de finalizar la carrera, sin importar quién este delante de ti?

Piensa en las etiquetas adhesivas que están en la parte trasera de un carro, los círculos blancos y negros con el 26.2 adornándolos. Allí no se ve en qué puesto quedó esa persona en el maratón.

*Lo que sucede cuando
suena la campana
de largada y durante
la carrera es menos
importante que lo que
sucede en la meta.*

Todo lo que ves es que terminaron, que corrieron el tramo completo. El mensaje es claro: cuando la carrera misma es la batalla, el acto de terminarla es la victoria. Ya sea que hayas quedado en el primer lugar o en el centésimo.

Salir disparado de la puerta de salida para colocarte al frente, a paso veloz y firme, es relativamente fácil, pero pocos pueden mantener ese paso hasta el final. Puede que hayas acumulado algunos fracasos en tu vida. Sin embargo, tu manera de correr del pasado no define cómo vas a correr en el futuro y no tiene que definir cómo vas a cruzar la meta.

En una carrera, las personas que se conoce a sí mismas y que es consciente de sus limitaciones físicas y emocionales, pueden encontrar el ritmo del trote. Pueden crear una estrategia sin sentirse agobiados por lo que está sucediendo en ese momento. El aliento o los abucheos de los ruidosos fanáticos no los afectan, como tampoco los agobia el lugar que tienen entre el grupo que está corriendo. Esos son los verdaderos contendientes. Puede que no corran la carrera más llamativa, pero son capaces de mantener el mismo ritmo hasta el final. Esas son las personas que, cuando otros flaquean, pueden continuar. Y su triunfo parece ser aún más victorioso porque no abandonaron, a pesar de cuán imposible se veía la carrera al comienzo.

Si sientes que estás tan rezagado que ya es muy tarde para ti, que un matrimonio destruido o una bancarrota o un ataque masivo al corazón te han descalificado de la carrera, quiero asegurarte que todavía sigues en corriendo. Todavía tienes posibilidades de cruzar la meta con tu cabeza en alto. En este mismo instante, tienes un futuro en el que puedes tener un buen final.

NO PUEDES SER CONSISTENTE
SI VIVES COMPARÁNDOTE

El arte de tener un buen final está fundamentado en la consistencia divina. Las distracciones no forman parte del plan. Tienes que seguir saliendo adelante de una manera que honre a Dios. El mundo tiene muchas distracciones que ofrecerte, especialmente cuando te propone compararte con otras personas. Al mundo lo pone feliz verte perder el enfoque en la meta que Dios estableció para ti y hacerte mirar para otro lado.

Siempre bromeo diciendo que es la única vez que he quedado primero en una lista al haber sido uno de los pocos que sobrevivieron un ataque al corazón que mata a casi el 90 % de las personas. Pero, de alguna manera, es cierto. Mi desarrollo fue tardío, y eso implicó un desarrollo un poco más lento y yo parecía estar siempre en desventaja —nunca en la delantera—, en prácticamente todo. Sin embargo, una vez que aprendía algo, eso ya era otra cosa. Podía retenerlo y acordármelo siempre.

En la preparatoria, tenía un amigo llamado Tito, un tipo con pelo oscuro y ojos azules. Nos llamábamos Starsky y Hutch;

yo era Starsky, y Tito era Hutch. A las chicas les gustaba mucho Tito.

"Yo sé que vinieron por los ojos azules de Tito", bromeaba con las chicas. "Pero quédense un rato y verán cómo, a la larga, yo les gustaré más".

Si me daban el tiempo suficiente, yo podía ganarle a la oposición por cansancio. Con una pista lo suficientemente larga, yo podía tener un buen final. He aprendido que es importante entender que no importa cómo las cosas luzcan ahora, tienes posibilidades por delante. A la hora que estés cerca de la meta final, las cosas pueden mejorar.

A menos que, por supuesto, te hayas rodeado de las personas equivocadas o de buenas personas que no sacan lo mejor de ti. No puedo dejar de enfatizar cuán importante es elegir con cuidado quienes te acompañan en el viaje de tu vida y el esfuerzo grande que tienes que hacer para silenciar las voces de la comparación en tu propia mente.

Imagínate que tú y tus amigos deciden correr una carrera de cinco kilómetros para divertirse. No eres un corredor comprometido en realidad, pero puedes completar esas tres millas si te dan el tiempo suficiente. Uno de tus amigos, sin embargo, sale a correr todas las mañanas. Cuando comienza la carrera, su ritmo es mucho más rápido que el tuyo. Lo que él ve como darte ánimo para que corras más rápido, en realidad, va a desgastarte e impedirte que puedas terminar la carrera. Te vas a desanimar, y lo único que te quedará de esa carrera es la comparación entre tu supuesta falta de velocidad, y la rapidez y el estado físico óptimo de tu amigo.

Buen amigo, buen corredor, pero no el mejor compañero para la carrera.

Unos años después de mi ataque al corazón, algunos empleados de la iglesia, junto con Mary y yo, nos registramos en una carrera de cinco kilómetros. La gente quería animarme en mi proceso de salud y, aunque todos corrimos la carrera, nuestros ritmos no fueron iguales. Y eso estaba bien. Algunos corrieron la carrera completa, mientras que otros bajaron la velocidad y cruzaron la meta caminando. Pero el punto es que todos la terminamos. Simplemente, cada uno tuvo que ir a su propio ritmo para hacerlo.

Nosotros tenemos gente alrededor que está corriendo a ritmos distintos, y es tentador compararse con lo que los demás están haciendo. Quizá aceleres tu ritmo con en el intento de seguirles el paso a ellos tratando de ser alguien que tú no eres y te desgastes antes de la meta porque, simplemente, quieres seguirle el paso a la multitud. Puede que la gente que te rodea esté por encima de tu nivel o por debajo. Puede que estén adelante tuyo o detrás. Pero son aquellos que corren junto a ti los que son más importantes.

Para mí, elegir junto a quien correré comienza con una primera impresión. Eso puede sonar extraño, pero el Señor me permite ver quién es la persona desde el principio. Puedo ver cómo viven su vida y lo que está pasando en su familia. ¿A sus hijos les gusta estar con ellos, además de amarlos? ¿Cuál es la relación que tienen con sus cónyuges? ¿Con sus amigos? ¿Cómo se comportan con otras personas? ¿Se arriman siempre a grupos de personas importantes o, como Don Shula, son lo suficientemente genuinos como para darle un apretón de manos al tipo común y corriente más allá de su estatus?

En Hebreos 12:1–2, se nos recuerda que estamos rodeados de una gran nube de testigos y, por esa razón, deberíamos desechar todo pecado que nos esté enredando y causando tropezones en el trayecto. Tenemos que correr con perseverancia, usando el corazón que Dios puso en nosotros para la singular carrera que Dios nos ha trazado.

Si estás corriendo con un grupo de personas que está tratando de poner todos los deseos de su corazón y su propia carrera sobre tus hombros, nunca tendrás un buen final. Puede que sean excelentes personas con grandes intenciones, pero te van a hacer tropezar. El objetivo, para ti, nunca fue correr la carrera de ellos a su ritmo. Tampoco depender de ellos hasta el punto de creer que los necesitas a tu lado para terminar comparándote con ellos a cada paso.

Mi primer mentor fue un hombre muy conocido en el mundo de los negocios. Desde muy temprano, *necesité* su ayuda. Pero, con el tiempo, eso cambió a simplemente *querer* recibir dirección de su parte. Es decir, pude cambiar mi mentalidad de creer que necesitaba correr a su lado, paso a paso, a comenzar a correr mi propia carrera usando los consejos y datos que él me había dado.

LA DISTRACCIÓN DE COMPARARTE CON OTROS PUEDE LLEVARTE POR EL CAMINO EQUIVOCADO.

Después del ataque al corazón, descubrí que no necesitaba validación externa en cuanto a cómo estaba corriendo mi carrera, a pesar de que seguía disfrutando la compañía de muchas de las personas que *necesité* al comienzo. Darme cuenta de eso fue transformador.

La distracción de compararte con otros puede llevarte por el camino equivocado. Las personas de las que te rodeas, ya sean tus amigos o maestros a los cuales les prestas tus oídos, determinarán si serás consistente o si te distraerás. La consistencia es lo que te hace llegar a la meta final, mientras que la comparación hace lo opuesto.

EL ARTE DE TENER UN BUEN FINAL

El documental de HBO del 2019 *Belichick and Saban: The Art of Coaching* (Belichick y Saban: el arte de entrenar) les dio a los televidentes la oportunidad de observar de cerca cómo dos de los entrenadores más exitosos de la NFL y del nivel universitario pudieron mantener viva una amistad de cuarenta años, mezclada con sus filosofías distintas de entrenamiento.

Al finalizar cada temporada, Belichick y Saban se reunían para analizarla en detalle y se daban un informe, el uno al otro, de lo que había sucedido. Era el ejemplo perfecto de cómo el hierro se afila con hierro. Ambos entrenadores tenían una frase en particular que le decían a los atletas: "¡Solo haz tu trabajo!".

¿Sabes por qué eso tuvo tanto éxito? Porque ellos les pudieron enseñar a sus jugadores cuál era su responsabilidad. Un deporte complejo, analizado desde cada responsabilidad específica, es factible. Haz tu parte y deja de preocuparte por todos los demás.

El problema es que muchas personas quieren ser enseñadas, pero no muchas quieren aprender. Ser instruido en algo es una actividad pasiva. Aprender es la acción. Tenemos la capacidad de aprender lo que Dios tiene para nosotros, para nuestra carrera, porque el Espíritu Santo nos guía a toda verdad. A pesar de que necesitamos tener buenos pastores y maestros en nuestra vida, Dios nos ha permitido aprender los principios específicos para nuestra carrera en particular y las prioridades que necesitamos poner en práctica sin importar el escenario de la vida en el que estemos.

Tener un buen final parecería ser algo que debe preocuparles a las personas que se encuentran en la última mitad de la carrera, pero olvidamos que cada carrera tiene diferentes secciones. Una pista de carrera hípica tiene postes alrededor que miden *furlongs*, o un octavo de milla. Las carreras de autos pueden medirse por la vuelta en la que te encuentres. Mientras que, si estás corriendo, quizá el marcador de distancia sea aquello a lo que le prestes atención.

Todos nosotros estamos en temporadas diferentes de nuestra vida y, en cada una de ellas, puedes tener un buen final. Ya sea que tengas veinticinco u ochenta, tener un buen final es importante en donde quiera que te encuentres.

Cuando yo estaba en mis veinte, no estaba pensando en mis años dorados; el solo tener que pensar en tener un plan a cinco años era molesto.

"Oye, Steve, ¿cuál es tu plan de acá a 5 años?".

"No me molestes. Estoy tratando de resolver el plan para este año".

Poder terminar un año ya era bastante difícil, y la presión para tener un plan a cinco años sonaba como un gancho motivacional. Yo no tenía un plan a cinco años para mi ministerio, mucho menos para mi vida. Puedo entender que un negocio que se sostiene dependiendo de las tendencias del momento necesite un plan a largo plazo, pero no estoy convencido de que tengas que tener un plan a cinco años para lograr el éxito en tu carrera personal.

EL ARTE DE TENER UN BUEN FINAL TIENE QUE VER CON ACCIONAR.

¿Por qué?

Porque la consistencia se encarga de todo. La consistencia en tener principios de Dios no negociables y en comprender el concepto de la siembra y la cosecha van a encargarse de todo eso. La única manera de predecir el futuro es a través de las semillas que sembramos hoy.

Adopto una mirada detallada en lugar de una generalizada. Mi comportamiento, mi actitud, mi manera de procesar los pensamientos, las decisiones que tomo: tengo que darle cuerpo a todo eso de una forma que honre a Dios a cada paso. Vemos cosas que nos suceden en nuestra propia vida y en nuestra sociedad que revelan, claramente, que no muchos piensan de esta forma. Las semillas que estamos sembrando como cultura van a tener una cosecha horrible de aquí a diez años. Al ser pasivos y rehusarnos a correr una buena carrera y pelear la buena batalla, estamos sembrando semillas de la cuales ni si quiera estemos consientes.

El arte de tener un buen final tiene que ver con accionar. Tiene que ver con seguir respetando consistentemente los principios de Dios y con rodearte de las personas correctas. Corre la carrera que Dios estableció para ti y deja de distraerte con todo lo que está sucediendo alrededor tuyo, porque terminar bien la carrera no te afecta solo a ti. Es como un efecto dominó, uno que va dirigido a tres lugares: la generación anterior, la generación posterior y el ahora.

Cada día, cuando cruzas la puerta del frente de tu casa, tienes dos sacos de semillas para escoger: el de las buenas o el de las malas. ¿Cuál es el saco que vas a cargar?

Conclusión:
Juega el juego largo

Saulo era excelente en lo que hacía y, debido a que el cristianismo estaba creciendo por todo el Imperio romano, todo indicaba que su trabajo estaba seguro como un prometedor joven perseguidor. Él estaba ansioso por erradicar todos esos seguidores de Cristo herejes porque, por ser tanto un fariseo judío como un ciudadano romano, todo lo que ellos decían y defendían iba en contra de lo que él consideraba bueno y correcto.

Aun mejor que la mera seguridad laboral, Saulo realmente disfrutaba de su trabajo. Era muy gratificante para él y hasta estaba allí para alentar a otros con la misma mentalidad. Por eso, cuando un joven llamado Esteban fue tirado al suelo para ser lapidado por compartir las buenas nuevas de Jesucristo, Saulo sostuvo los abrigos de aquellos que lanzarían las piedras, para que pudieran comenzar sin demora. Su mismo aliento estaba totalmente tomado por las amenazas en contra de los seguidores de Cristo.

Saulo había recibido el permiso de los sumos sacerdotes para perseguir a cualquier seguidor de Cristo que estuviera en la ciudad de Damasco, así que planeó el viaje y se puso en marcha junto con su grupo. Él no tenía ni idea de lo que estaba a punto de pasar.

Podemos estar como Saulo, tan ensimismados con las ocupaciones del trabajo que no tenemos ni idea de que podríamos estar en el camino completamente equivocado. Tomamos las señales que nuestro aparente éxito mundano nos da, pensando que todo el aplauso de los que están a nuestro alrededor debe ser indicativo de que estamos haciendo lo que se supone que hagamos. Ni se nos ocurre que lo que estamos haciendo puede estar alejándonos de lo que Dios quiere.

No todos estamos tan drásticamente alejados de la senda como Saulo, por supuesto. Pero, como Dios nos ama, Él puede ver nuestra trayectoria y nos ofrecerá corregir nuestro rumbo. A veces, eso llegará como un momento 42.

Mientras Saulo y su séquito iban por el camino arduo a Damasco, un destello de luz intensa vino del cielo. Él cayó al piso, sin poder hacer mucho una vez allí.

"¿Saulo, porque me persigues?", se oyó la voz de Jesús, diciéndole quién era antes de darle instrucciones para ir a Damasco.

Su grupo estaba un poco alterado. Y, aunque ellos no pudieron ver la luz, pudieron escuchar el sonido. No ayudó que, cuando Saulo se levantó, sus ojos abiertos no podían ver absolutamente nada. Él estaba a la merced de sus amigos, quienes lo guiaron de la mano hacia Damasco. Saulo no pudo volver a ver hasta que Ananías, un seguidor de Cristo que tan solo días antes hubiese sido su blanco, oró por él.

Puedes leer la historia completa en Hechos (capítulos del 7 al 9), pero quizá ya sepas cómo terminó todo. Saulo se convirtió en Pablo, uno de los mayores evangelistas de la Iglesia primitiva y un contribuidor significativo del Nuevo Testamento antes de que lo mataran. Pero él tuvo que ser tumbado al suelo y aprender a apoyarse en la fe en Dios para convertirse en quien estaba destinado a ser.

Sé lo que significa ser tumbado al suelo. Yo no estaba persiguiendo a cristianos ni nada por el estilo; pero, por alguna razón, Dios necesitaba llamar mi atención y hacer un cambio en mí a través de un ataque al corazón.

"Tengo un camino distinto para ti", pareció decirme. "Va a ser un cambio brusco, pero estaré contigo durante el giro inesperado".

Los momentos 42 no son solo eventos singulares insignificantes. Son cosas que, cuando miras hacia atrás, te das cuenta de que cambiaron tu vida. Yo no soy, simplemente, un tipo que tuvo un ataque al corazón algunos años atrás. Soy un hombre distinto debido a ese episodio.

Tu vida no es el resultado de lo que te pasó. Lo que te pasó te recuerda lo que significa vivir. Desde que viví esos cuarenta y dos minutos oscilando entre la vida y la muerte, mi compromiso con el legado que me precede y con el legado que estoy construyendo han sido validados.

A diferencia de Saulo, mi nombre no fue cambiado. De hecho, me encanta mi apellido. Es el nombre de familia, y me encanta lo que representa: ese toque italiano de Nueva York y la influencia masculina que representa ese nombre. Hubo un espíritu pionero, mi bisabuelo, Giovanni, que vino de Italia a América para convertirse en barbero en Brooklyn. Él luego hizo traer a su familia para que se le unieran. Mi abuelo, Papa, era un buen católico que se convirtió en soldador en el astillero naval de Brooklyn. Un día, recibió un panfleto acerca de Jesús y aceptó a Cristo como su Salvador. A la larga, toda su casa fue salva, y eso los llevó a mudarse a Florida. Ese espíritu siguió moviéndose a través de mi padre y sus hermanos con el establecimiento de iglesias en Miami.

Me encanta que el legado de un apellido pueda significar tanto. Pero significa mucho más que simplemente un apellido porque no hizo que mis hermanos o tíos o primos se mantuvieran en la fe. Algunos de ellos se han alejado; algunos no han tenido un buen final. Hubo inmoralidad, a pesar de que el apellido y el legado siguen allí. Esto tiene que ver con el llamado y con lo que mi vida en su totalidad representará. Eso significa que estamos

Desde que viví esos cuarenta y dos minutos oscilando entre la vida y la muerte, mi compromiso con el legado que me precede y el legado que estoy construyendo han sido validados.

jugando el juego largo. Y, si has atravesado por un momento 42, ese es el tipo de juego que tú también estás jugando.

Pon un pie delante del otro, siembra una semilla buena y haz que la distancia desde ese episodio hasta el futuro valga la pena. Hay potencial para la abundancia allí. Y eso definitivamente ha resultado ser cierto en el caso de mi ataque al corazón. Si puedo tomar prestada la frase inicial de *Historia de dos ciudades* de Charles Dickens y hacerle un pequeño ajuste: fue el peor de los momentos y fue el mejor de los momentos. Esa etapa terrible fue una gran rectificación de mi rumbo y tomé un saco de semillas nuevo que comenzaría a sembrar de allí en adelante.

Entonces, ¿cómo puedo mirar atrás y decir que ese momento 42 fue algo malo?

Desde mi 42, he disfrutado de tantas bendiciones maravillosas. ¿Hubiese reconocido esas bendiciones sin él? ¿Las hubiese recibido si mi vida no hubiese sido transformada radicalmente ese día?

No lo sé.

Lo que sí sé es que esa experiencia espantosa fue, en realidad, hermosa si la miro desde donde estoy ahora. Hay tantas cosas que no podría haber hecho antes de ese momento. No hubiese cambiado mi manera de ocuparme de mi salud. No hubiese podido comprender completamente lo valiosa que es la vida. Y no hubiese podido escribir este libro —un libro acerca de mi vida— ni un día antes.

Por favor, no te rindas. No permitas que la imposibilidad de entender el porqué de tu momento 42 te impida seguir plantando semillas buenas en espera de esa meta futura que tienes. Ese momento 42 no es el final, sino un comienzo nuevo.

Como lo mencioné al comienzo de este libro, cuando me golpeó mi 42, estaba listo para quedar fuera de combate. Me preguntaba si la vida se había acabado. No estaba seguro de cómo me iba a levantar de la colchoneta. Pero lo hice. Me levanté como pude y continué luchando esos últimos asaltos, aun cuando el oponente parecía demasiado grande, fuerte y abrumador. Yo estaba determinado a tener un buen final. Escribí este libro basándome en la verdad de que, si tu corazón sigue latiendo, entonces, Dios no ha terminado contigo.

Levántate de la colchoneta y sigue peleando.

Al final de su vida, Pablo escribió que somos testimonios vivos. Si hay alguien que supiera eso, sería él. Somos una historia que se está escribiendo. Cualquiera sea el momento 42 que hayas vivido o que estés viviendo no es un error en la página, sino un momento decisivo que te llevará a un capítulo nuevo y abundante.

Mi pregunta para ti es:
¿cuál es la historia que escribirás con tu vida?

Agradecimientos

Suelo decirles a los hombres de mi iglesia que, cuando les doy una palmada en la espalda o un puño en el brazo o un abrazo extra-largo, eso vale más que mil palabras. No soy de tener conversaciones muy largas. Una vez que ya pregunté "¿Cómo va todo?", "¿Qué hay de nuevo?" o "¿La familia, bien?" me pierdo un poco y me quedo sin nada que decir. Pero las siguientes personas creen en todas esas palmadas, pellizcos, abrazos y palabras. Sean pacientes conmigo mientras honro a algunas personas muy especiales en mi vida que estuvieron presentes en 2007 cuando me golpeó mi 42. Personas que han moldeado quien soy hoy en día.

A mi esposa, Mary, el 10 de octubre de 1987, en nuestra boda, nos dijimos palabras en el altar que se convirtieron en nuestros votos a permanecer comprometidos con nuestro matrimonio. Palabras como "en la prosperidad y en la adversidad" y "en la salud y en la enfermedad". Aunque parecieron simples dichos en una ceremonia, veinte años después, me has demostrado que eran tu esencia. El 17 de junio de 2007 ¡*Tú*! ¡*Elegiste*! ¡*La vida*! Guau... Definitivamente, necesitaba que tú hicieras eso por mí cuando no lo podía hacer por mí mismo. Hoy, me siento agradecido de que ¡Los dos!

¡Elegimos! ¡El amor! cada uno de nuestros días. Lo sé, no soy la persona más fácil de amar, pero tú lo haces. Tenemos lo que tenemos el día de hoy en gran parte gracias a ti. Amarte es fácil y divertido. Gracias por amarme aún más hoy y por ser la primera y mayor influencia en mi vida. ¡Te amo!

A Christopher, Stephanie, Lolo y Gaby. Se necesitó, prácticamente, un milagro para que cada uno de ustedes estuviese hoy aquí. Pero, una vez aquí, han logrado que algo milagroso ocurriera. Han hecho de mí un mejor hombre. Cada uno de ustedes ha sido mi motivación para perseverar en lo que Dios ha puesto en mí, sabiendo que ustedes serían los primeros en darse cuenta de si alguna vez bajo la guardia. Ahora que puedo apreciar la persona en la que cada uno de ustedes se está convirtiendo, me siento inspirado a alcanzar nuevos niveles, a amar más profundamente y a ser aún más fuerte. Y mantienen el reto vigente al haber traído a Richelle, Muina, Gianna y Marino a la familia. Gracias a cada uno por su amor, su honra y su compromiso con el trabajo al que su mamá y yo hemos abocado nuestra vida, y por correr con la antorcha del legado. ¡Los amo!

A mis hermanas y a mi familia política por parte de los Alessi. Hay un dicho italiano que dice "Il sangre non e acqua" que significa "La sangre no es agua, así que la sangre es más espesa que el agua". Aunque nuestra sangre a veces haya alcanzado el punto de ebullición, ustedes estuvieron cerca cuando más los necesité. Gracias.

A la familia por parte de Mary, gracias por ir a la guerra del lado de su hermana y mío cuando teníamos la espalda contra la pared. Ustedes saben cómo meterse en el *ring* y pelear cuando la pelea está en su furor, y afortunadamente, siempre han estado del lado del ganador. Es muy bueno tenerlos de mi lado.

A mi tío Paul Alessi y a mi tía Wanda. Gracias por ser los guerreros de oración que son. Todo lo que recuerdo que venía a mi mente cuando yacía en la sala de emergencia era "Cómo me gustaría que mi tío Paul estuviese aquí para orar conmigo". Yo sabía que eras un hombre de oración.

A mis queridísimos amigos David y Mory Martinez, Manny y Laura Paula, y Tony y Angie Burke. Siempre he dicho que, si un hombre puede contar sus amigos íntimos con solo una mano, ese hombre es bendecido. Mi vida es plena debido a su amistad. Ustedes fueron sacudidos cuando se desató el mismo infierno en 2007, pero se unieron y permanecieron comprometidos con seguir construyendo lo que habíamos comenzado. No lo dudaron ni una vez cuando decidieron ayudarme a levantar mi vida y el trabajo de toda una vida. Otros no permanecieron en el proceso, pero ustedes sí. Gracias... por amarme, por seguir siendo leales a Mary y a mí, por escuchar todos mis sermones, por permanecer plantados y por darlo todo como ovejas manchadas.

A nuestro personal de Metro Life Church: Armando y Ana, Jonathan y Jackie, Desire y Alton, Gianni y Angeline, Karina, Allen y Lia, Marcus y Ashley, y aquellos que sirvieron en 2007. El tiempo que compartimos juntos construyendo el Reino viene con una promesa. Cuando cuidamos de la familia de Dios, Él cuidará de la nuestra. No hubo mejor oportunidad para ver eso cumplirse que cuando se determinaron a cuidar de Mary y de mí, y de nuestra familia. Gracias por su constante abnegación. Nuestras obras van a ser reconocidas adecuadamente cuando todos estemos frente a Dios y pido que los hayamos preparado bien de antemano para que puedan escuchar las palabras "Bien hecho, siervo bueno y fiel".

A nuestra familia de Metro Life, gracias por no permitir que mi tropiezo les hiciera dejar de dar pasos en pos de su fe. Mientras yo me recuperaba, permanecieron leales y continuaron construyendo fielmente la iglesia sana y hermosa que tenemos hoy en día. Sus oraciones y el haber abrazado nuestros valores en cuanto a las relaciones ayudaron a otros a vencer sus propios momentos 42. Me siento honrado y orgulloso de servirles como pastor. Y gracias por permitirme contarles mi historia, una y otra vez.

A Margie Hernandez. Cuando tú y Eddie llegaron a Metro, parecía que estaban entrando a una nueva temporada de sus vidas al alejarse de la iglesia que habían conocido su vida entera. Jamás pensé que fueron enviados a Metro para Mary y para mí. Cuando necesité un cardiólogo, me presentaste a tu jefe, el Dr. Rajesh Dhairyawan. Has monitoreado mi salud durante estos últimos 15 años, me has tenido como prioridad durante mis visitas al consultorio, y nos has dado tranquilidad a Mary y a mí.

A nuestros pastores, Mike and Kathy Hayes. Mary, yo y toda la familia de Metro Life Church estaremos eternamente agradecidos por la manera en que se involucraron y enderezaron la nave cuando parecía que el mismo infierno estaba en nuestra contra. Dejaron a un lado todo lo que estaban haciendo, inmediatamente, para venir a estar con Mary y yo mientras nos recuperábamos. Se pararon frente al púlpito el domingo siguiente y le dejaron saber a la Iglesia que superaríamos la situación todos juntos. Luego se reunieron con nuestro personal para calmar sus temores y afianzar su fe. La honra no es algo que les doy por lo que están haciendo actualmente, sino por lo que hicieron en el pasado. Así que continúo honrándolos y me siento bendecido de llamarlos mis pastores.

A los paramédicos Cliff Williams, Jim Mooney, Rich Hunter, Thomas Conti y Randy Spiegelhalter, gracias por salvar mi vida para poder seguir siendo un esposo, un padre y un pastor. No puedo imaginarme haberme perdido de vivir esta vida, la cual he tenido el privilegio de vivir debido a su arduo trabajo y dedicación para salvar vidas. Cuando me visitaron en el hospital y mencionaron que estuvieron trabajando en mí por cuarenta y dos minutos antes de transportarme al hospital, le dieron vida a lo que se convertiría en el mantra que uso para ayudar a otros a través de sus propios momentos 42. Hoy en día, tengo un respeto aún mayor por los servicios de primera respuesta que abnegadamente sirven a nuestra sociedad. Qué interesante que esa noche fue la primera y única vez que todos ustedes trabajaron juntos. Evidentemente, había un propósito mucho mayor que el Creador había planeado. Mi oración es que conozcan el poder de Aquel que los inspiró a inyectarme el medicamento una última vez para resucitarme. Fue Rich quien expresó lo siguiente en un mensaje de texto: "Al segundo que introdujimos el medicamento por la vía intravenosa y te dimos una descarga más, te compusiste y te estabilizaste". Estaré siempre agradecido porque decidieron darme otra oportunidad... un intento más antes de rendirse.

Y, por último, doy un agradecimiento grandísimo a Jordan Loftis de Story Chorus por ayudarme a poner mi experiencia en palabras. No había podido sacar a la luz esta historia por quince años, ya que el recuerdo de todo eso me afectaba demasiado emocionalmente; no por el dolor, sino por la noción de que el resultado estuvo a punto de ser completamente distinto. Ahora, a través de este libro, podemos ayudar a otros a permanecer en el *ring*, a seguir luchando hasta terminar la carrera con éxito y a dejar un legado de bendición.

Acerca del autor

Steve Alessi, pastor principal de Metro Life Church, fundó la iglesia en Doral, Florida junto a su esposa en 1997, y sirve como guía espiritual de todos aquellos que entran por sus puertas. Fue llamado al ministerio a los diecinueve años y ha cumplido este llamado de buena fe por más de treinta años.

Después de graduarse de Southern University en 1984, Steve sirvió junto a sus padres como pastor asociado por trece años antes de establecer Metro Life. Cuando sus padres, John y Ann, se jubilaron en 2013, Steve y Mary aceptaron también las responsabilidades de ser pastores principales de Grace Church. Juntos, la han transformado en el campus de Dadeland de Metro Life Church, uniendo las dos congregaciones como una sola familia.

A través de su ministerio, Steve trabaja con el objetivo de generar un impacto positivo en las vidas de las personas que se congregan y en los miembros de la comunidad en general. Se enorgullece del crecimiento de la iglesia local en los campus y de la propuesta vibrante e innovadora que ofrecen en línea. Una de sus iniciativas más recientes son los campamentos de los Goodfellas, un retiro donde los hombres comprometidos con Dios pueden conectarse, relajarse y profundizar en el conocimiento de su fe para elevar su hombría.

Steve contribuye a la comunidad local como miembro de la Comisión de Asesoría Interreligiosa del Condado de Miami Dade (IAB, por sus siglas en inglés) y como capellán del Departamento de Policía de Doral. También es miembro de la Champions Network con el pastor Joel Osteen. Steve se siente bendecido de tener a su familia junto a él y disfruta de la ayuda y apoyo que recibe de su hijo Christopher y su nuera Richelle, y de sus tres hijas, Lauren, Gabrielle y Stephanie, junto con el marido de Stephanie, Chris Muina. Steve está encantado de haber recibido el título de abuelo gracias a la hija de Chris y Stephanie, Gianna, y a la nueva adición al legado de la familia Alessi a través de Christopher y Richelle, que llegará en mayo de 2023, Marino John Alessi. De hecho, la familia comparte regularmente las alegrías y desafíos de trabajar juntos en el pódcast semanal *The Family Business with The Alessi's*. En su tiempo libre, Steve disfruta pasar tiempo en el campo, en la hacienda que tiene en Georgia, y cazando con su familia y amigos.

Conéctate con Steve a través de MetroLifeChurch.com y AlessiFamilyBusiness.com.

Hecho en los Estados Unidos. Orlando, FL.

5 de mayo de 2023

$14.99
ISBN 979-8-9912188-0-1
51499>

9 798991 218801

www.ingramcontent.com/pod-product-compliance
Lightning Source LLC
Chambersburg PA
CBHW061746120626
46550CB00005B/1902

9 798991 218801